W0108534

A2.1

Persephone Spiridonidou
Gerassimos Tsigantes

Beste Freunde

DEUTSCH FÜR JUGENDLICHE

Lehrerhandbuch

Hueber Verlag

Bearbeitung: Ricarda Brücke
Konzeptbeschreibung: Manuela Georgiakaki
Tests: Maria Papadopoulou, Annette Vosswinkel

3.   2.   1.   Die letzten Ziffern
2019   18   17   16   15   bezeichnen Zahl und Jahr des Druckes.
Alle Drucke dieser Auflage können, da unverändert,
nebeneinander benutzt werden.
1. Auflage
© 2015 Hueber Verlag GmbH & Co. KG, München, Deutschland
Umschlaggestaltung: Sieveking · Agentur für Kommunikation, München, Berlin
Zeichnungen: Hueber Verlag / Gisela Specht und Hueber Verlag / Monika Horstmann
Layout und Satz: Sieveking · Agentur für Kommunikation, München, Berlin
Verlagsredaktion: Elisa Mai, Hueber Verlag, München
Druck und Bindung: PHOENIX PRINT GmbH, Deutschland
Printed in Germany
ISBN 978-3-19-421052-3

Art. Art. 530_19405_001_01

Inhalt

Konzeptbeschreibung

Beste Freunde ist ein Lehrwerk für jugendliche Deutschlerner. Es führt in sechs Bänden zu den Sprachniveaus A1, A2 und B1 des Gemeinsamen Europäischen Referenzrahmens und bereitet auf die relevanten Prüfungen vor. Jeder Band besteht aus drei Modulen mit je drei kurzen Lektionen.

Im Zentrum steht eine Gruppe deutschsprachiger Jugendlicher, die die Schüler mit ihren Geschichten aus dem Alltag begleiten und so wie ein roter Faden durchs Lehrwerk führen. Die Schüler lernen diese Protagonisten als sympathische Personen mit individuellen Eigenschaften, Hobbys, Interessen und Familien kennen und können sich mit den gleichaltrigen Jugendlichen identifizieren. Jedes Modul stellt einen Protagonisten in den Vordergrund und trägt dessen Namen. Im Laufe des Buches treten die Protagonisten immer wieder miteinander in Kontakt, wie im richtigen Leben in unterschiedlicher Häufigkeit und Intensität. Die Schüler lernen damit eine Gruppe von Freunden kennen und begegnen diesen in verschiedenen, immer wieder spannenden Konstellationen. Themen wie Schule, Freunde, Freizeit und Essen sind für die unterschiedlichen Protagonisten wichtig und kommen so an mehreren Stellen im Lehrwerk vor. Die Wortschatzbereiche werden also zyklisch sinnvoll aufgegriffen und erweitert.

Als Sprachlernbegleiter nehmen die Protagonisten auch direkten Kontakt zu den Schülern auf. Sie tauchen an verschiedenen Stellen in Kurs- und Arbeitsbuch auf, geben Lerntipps oder stellen Fragen, die zum Vergleich mit der eigenen Sprache anregen.

Kursbuch

Jeder Band umfasst neun sehr kurze Lektionen. Je drei Lektionen sind zu einem Modul zusammengefasst.

Moduleinstiegsseiten

Den Hauptprotagonisten des Moduls lernen die Schüler auf der Einstiegsseite in einem großen Porträtfoto und einem persönlichen Text kennen. In dem Vorstellungstext wird bereits ein Teil des Wortschatzes der Lektionen präsentiert und somit die Wortschatzarbeit in den Lektionen entlastet. Auf der Moduleinstiegsseite sind außerdem die Lernziele des Moduls angegeben.

Lektionsseiten

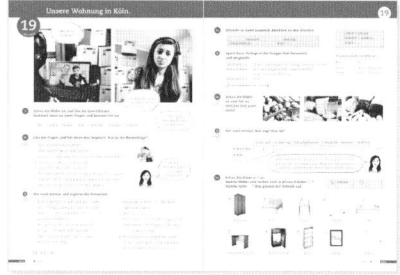

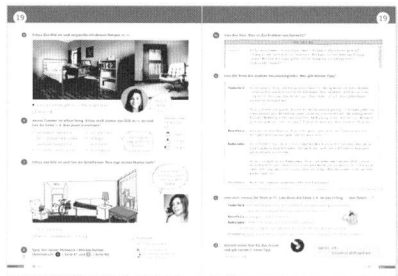

Eine Lektion umfasst je drei bis vier verschiedene Impulse als Grundlage für einen abwechslungsreichen Unterricht. Jeder Impuls beinhaltet einen neuen inhaltlichen „Input", der Grammatik, Wortschatz oder Redemittel einführt. Da die Lektionen kleine Geschichten oder Episoden aus dem Leben der Protagonisten erzählen, ist es ratsam, alle Aufgaben der Reihe nach durchzuarbeiten und keine zu überspringen, weil sonst der inhaltliche Faden zerrissen und wichtiger Stoff übersprungen würde.

Wortschatz und Grammatik werden immer im Kursbuch präsentiert und mit Hören und Lesen verknüpft. Neuer Wortschatz und neue Strukturen werden dann in verschiedenen Aufgaben im Kursbuch geübt. Anschließend an die Kursbuchaufgaben finden sich **Verweise zu den Übungen im Arbeitsbuch.**

→ **AB, Ü 5** | Es handelt sich um Festigungsübungen, die an dieser Stelle von den Schülern selbstständig in der Klasse oder als Hausaufgabe bearbeitet werden können.

→ **AB, GRAMMATIK, Ü 6-7** | Hier wird die Grammatik Schritt für Schritt selbstentdeckend und, wo hilfreich, kontrastiv erarbeitet. Diese Übungen werden am besten gemeinsam im Unterricht unter Anleitung des Lehrers bearbeitet, denn hier werden Strukturen bewusst gemacht. Im Anschluss an diesen Schritt der Bewusstmachung folgen im Arbeitsbuch immer eine oder mehrere Festigungsübungen, in denen die Schüler die erarbeitete Regel anwenden und die von den Schülern selbstständig gelöst werden können.
Bei manchen Grammatikthemen bietet es sich an, die kleinschrittige Erarbeitung im Arbeitsbuch den Aufgaben im Kursbuch vorzuschalten. Es bleibt dem Lehrer überlassen, für welche Reihenfolge er sich entscheidet.

In vielen Lektionen sind **Partnerübungen** angelegt. Es handelt sich dabei um mündliche Aufgaben zum Festigen von neuen Strukturen und neuem Wortschatz, die in Partnerarbeit gemacht werden. Häufig stehen den beiden Partnern auf verschiedenen Seiten im Arbeitsbuch unterschiedliche Informationen zur Verfügung. Im Gespräch sollen sie diese Informationen abfragen bzw. austauschen.

Die **Fertigkeiten Lesen, Hören, Sprechen** und **Schreiben** sind ausgewogen in den Lektionen vertreten. Die rezeptiven Fertigkeiten **Lesen** und **Hören** werden durch Aufgaben vermittelt, die den Schülern bereits nötige Strategien anbieten. Zum Teil sind sie durch entsprechende Lerntipps ergänzt. Somit werden Lese- und Hörstrategien immer an Ort und Stelle angewendet, trainiert und auch langfristig verinnerlicht. Das passive Verständnis von Hör- und Lesetexten geht meist darüber hinaus, was in der Fremdsprache produktiv ausgedrückt werden kann. Gerade zu Beginn ist es deshalb sinnvoll, dass sich die Schüler in ihrer Muttersprache über das Verstandene austauschen. Deshalb regen im Kursbuch an den entsprechenden Stellen Aufgaben zum Sprechen in der eigenen Sprache an.

Die produktiven Fertigkeiten **Sprechen** und **Schreiben** werden durch motivierende, authentische Impulse angeregt. Das Sprechen wird sowohl dialogisch (Dialoge variieren, frei sprechen usw.) als auch monologisch (erzählen, präsentieren usw.) geübt.

Zum Schreiben werden Aufgaben angeboten, die keinen großen Zeitaufwand erfordern. Sie sind z.T. mit dem systematischen und progressiv aufgebauten Schreibtraining im Arbeitsbuch verbunden.

→ **AB, SCHREIBTRAINING, Ü 8** | Im Schreibtraining steht immer das Schreiben zusammenhängender Texte im Mittelpunkt. Textsortenmerkmale, Textaufbau, Verknüpfungsmittel und stilistische Fragen werden einzeln behandelt, präsentiert und geübt. Einleitende Schritte, in denen die Problematik bewusst gemacht wird, sollten im Unterricht gemeinsam erarbeitet werden. Das abschließende Schreiben von Texten kann dann auch als Hausaufgabe aufgegeben werden.

Das Fertigkeitstraining allein genügt nicht, um eine Sprache gut zu lernen. Wichtig ist außerdem, dass die Schüler Techniken anwenden, die ihnen den Spracherwerb erleichtern. **Lerntechniken** werden in *Beste Freunde* von den ersten Lektionen an vermittelt. Sie sind immer in Aufgaben verpackt und werden somit sofort angewendet. Lerntipps machen die entsprechenden Strategien an einigen Stellen zusätzlich bewusst. Im Kursbuch handelt es sich dabei vorrangig um Strategien zum Lesen und Hören, im Arbeitsbuch um Techniken zum Wortschatzlernen, Mnemotechniken und Techniken, die beim Schreiben helfen.

 Mit dem CLIL-Button wird immer wieder auf fächerübergreifenden Unterricht verwiesen. Weitere Arbeitsblätter zum Thema fächerübergreifender Unterricht sind auf die Internetseite zu finden.

Seiten am Modulende

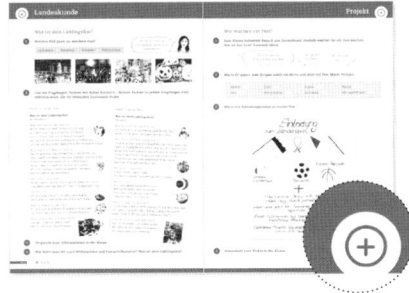

Die Materialien auf der Doppelseite zu **Landeskunde** und **Projekt** stellen ein fakultatives Angebot dar, das thematisch an das vorangehende Modul anknüpft. Die Aufgaben auf diesen Seiten sollen zu unterschiedlichen sozialen Lernformen und einem kreativen Umgang mit der Sprache anregen. Die Landeskunde gibt am Beispiel von Jugendlichen aus Deutschland, Österreich, der Schweiz und Liechtenstein aktuelle, für Jugendliche interessante Informationen rund um den Alltag in den DACHL-Ländern. Ziel ist vorrangig die Information über Land und Leute sowie der interkulturelle Vergleich, zweitrangig ist dabei die Vermittlung von Sprachkenntnissen.

Die Projektaufgaben zielen auf ein gemeinschaftliches Arbeiten in Kleingruppen oder in der Klasse. Themen aus den Lektionen des Moduls werden nun – häufig auf das eigene Land bezogen – aufgegriffen, erweitert und bieten Anlass zum Erstellen von Gemeinschaftsprodukten wie Plakaten, die dann in der Gruppe auch vorgestellt werden können.

Konzeptbeschreibung

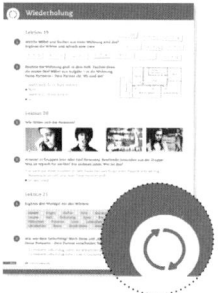

Die Doppelseite **Auf einen Blick** bietet eine Übersicht über Grammatik und Redemittel, die in den vorangegangenen drei Lektionen gelernt wurden. Die Übersicht dient zur Wiederholung, kann aber auch beim selbstständigen Bearbeiten von Übungen im Arbeitsbuch als Hilfe herangezogen werden. In der rechten Spalte sind grammatische Phänomene noch einmal durch Abbildungen oder Beispiele aus den Lektionen illustriert.

Den Modulabschluss bildet eine **Wiederholungsseite** mit Aufgaben und Aktivitäten für den Unterricht, die wichtigen Wortschatz und Strukturen aus den drei Lektionen des Moduls aufgreifen und in neuen Kontexten wiederholen. Zu jeder der drei Lektionen des Moduls werden zwei Aufgaben angeboten, die auch die Möglichkeit zur Binnendifferenzierung geben: Die erste festigt meist Wortschatz, die zweite hat einen kommunikativen Charakter. Hier sollen häufig zu zweit oder in Gruppen mündliche oder schriftliche Texte produziert werden.

Die Wiederholung kann entweder nach den einzelnen Lektionen oder aber nach Abschluss des gesamten Moduls stattfinden.

Anhang

Im Anhang befindet sich eine alphabetische Wortliste mit allen Wörtern, die im jeweiligen Band bzw. in beiden Bänden einer Niveaustufe vorkommen. Bei jedem Wort ist das erste Vorkommen im Buch aufgeführt. Kursiv gedruckte Wörter sind weder Lernwortschatz in *Beste Freunde* noch sind sie relevant für die Prüfungen der Niveaustufen A1, A2 oder B1.

Umschlag

Auf der vorderen Umschlaginnenseite befindet sich eine Karte der deutschsprachigen Länder. Hinten im Umschlag findet man nützliche Sätze für den Unterricht – sowohl aus der Lehrer- als auch aus der Lernerperspektive.

Arbeitsbuch

Lektionsseiten

(↓) **NACH AUFGABE 2** | Die Übungen im Arbeitsbuch dienen der selbstständigen Arbeit zu Hause und wiederholen Grammatik, Wortschatz und Redemittel in einfachen, für die Schüler leicht verständlichen Übungen. Sie sind durch ein Verweissystem mit den Aufgaben im Kursbuch verbunden. Die Übungen einer Arbeitsbuchlektion sind durch Piktogramme und Farbmarkierungen differenziert. Bei Übungen ohne Auszeichnung handelt es sich um **Festigungsübungen**, die an dieser Stelle von den Schülern selbstständig in der Klasse oder als Hausaufgabe bearbeitet werden können.

(+) Übungen zur **Binnendifferenzierung** sind mit einem Plus gekennzeichnet.

GRAMMATIK Übungen, in denen **Grammatik** selbst entdeckt werden kann, sind gelb unterlegt.

SCHREIBTRAINING Die Einheiten zum **Schreibtraining** sind blau markiert.

(✐) Schreibübungen, bei denen die Schüler kleine Texte verfassen, die sie anschließend in ihrem persönlichen **Dossier** bzw. Portfolio ablegen können, sind mit dem Symbol der Büroklammer versehen.

AUSSPRACHE Die **Aussprache**-Einheiten am Ende jeder Arbeitsbuchlektion sind grün hinterlegt. Sie berücksichtigen sowohl das Einzellauttraining als auch die Intonation (Wortakzent, Satzakzent, Intonation der Satztypen) und können vom Lehrer flexibel eingesetzt werden. Das vorrangige Prinzip bei den Ausspracheübungen sind Hören und Nachsprechen mit Markieren des Phänomens. Einfache Visualisierungen erleichtern den Schülern, Ausspracheregeln imitativ zu lernen. Kurze rhythmisierte Gedichte regen zum spielerischen Nachsprechen an. Wo es nötig ist, werden Aussprache und Schreibweise zusammengeführt. Die Aussprache-Einheiten sind mit den interaktiven Aussprache-Übungen auf der CD-ROM verknüpft.

Jede Lektion schließt mit einer **Lernwortschatzseite** ab, auf der der produktive Wortschatz der Lektion zusammengefasst wird. Die Seite ist in drei Spalten gegliedert: in der linken Spalte finden sich alle wichtigen Vokabeln der Lektion, in der Mitte bietet eine Schreibzeile Platz für die Übersetzung in die Muttersprache, und in der rechten Spalte stehen Kontextsätze zu den Wörtern. In diesen Beispielsätzen wird das Lernwort jeweils durch eine Tilde (~) ersetzt, sodass die Schüler aktiv damit üben können. Wortfamilien und thematische Wortgruppen sind in Kästen zusammengefasst.

Die Lernwortschatzseiten enthalten außerdem kleine Lerntipps und Hinweise. Verben werden im Infinitiv angegeben, Besonderheiten in der Konjugation sind vermerkt. Nomen werden in der Artikelfarbe und mit Artikel angegeben.

(🌍) Wörter mit dem Piktogramm der Weltkugel sind Wörter, die große Ähnlichkeiten mit dem Englischen haben.

Weltkugel © fotolia/ag visuell

Seiten am Modulende

Nach jedem Modul gibt es zwei Seiten **Fertigkeitentraining**, auf denen immer Lesen, Hören, und entweder Sprechen oder Schreiben trainiert werden. Passend zum jeweiligen Sprachstand und zu den Lektionsthemen werden Aufgaben zu den verschiedenen Fertigkeiten angeboten. Die Schüler erhalten zusätzlich Tipps für die Bearbeitung der einzelnen Übungsformate, damit sie ihre eigenen Strategien entwickeln können.

Im Trainingsteil **Lesen** gibt es meist zu Beginn eine Übung zur Vorentlastung, dann einen kleinen Lesetext und anschließend Fragen zu diesem Text. Es werden Lesestrategien zum globalen, selektiven und detaillierten Lesen trainiert. Im Trainingsteil **Hören** gib es einen Hörtext, zu dem im Anschluss Fragen beantwortet werden. Hier steht das Hörverstehen im Vordergrund. Im Trainingsteil **Schreiben** geht es um das Verfassen eigener kleiner Texte, die dem Sprachstand angemessen sind. Im Trainingsteil **Sprechen** wird meist in Partnerarbeit die mündliche Kommunikationsfähigkeit trainiert.

Die Rubrik **Das kannst du jetzt!** jeweils auf der letzten Seite eines Moduls bietet den Schülern die Möglichkeit der **Selbsteinschätzung** des im Modul Erlernten. Sie orientiert sich an den Kann-Beschreibungen des Gemeinsamen Europäischen Referenzrahmens und korrespondiert mit den Lernzielen auf den Moduleinstiegsseiten. Die Aufgaben fragen also nicht isoliert Grammatik- und Wortschatzkenntnisse ab, sondern haben kommunikativen Charakter und oft einen persönlichen Bezug zu den Schülern.

Anhang

Der Anhang des Arbeitsbuchs enthält:
- die Partneraufgaben zum Kursbuch
- eine Liste mit allen bekannten, unregelmäßigen Verben, versehen mit Schreibzeilen für die Übersetzung
- eine Tabelle mit allen Aussprache-Phänomenen des Deutschen zum Nachschlagen
- die Lösungen zur Selbstevaluation

CD-ROM

Dem Arbeitsbuch liegt eine CD-ROM bei. Diese ist zum Üben zu Hause konzipiert und bietet:
- die Audiotracks zu den Ausspracheübungen
- die Audiotracks zum Fertigkeitentraining
- rund 60 interaktive Übungen: pro Lektion jeweils fünf Übungen zur Vertiefung des Gelernten und zwei Ausspracheübungen. Die Übungen sind auf die im Lehrerhandbuch als Kopiervorlage angebotenen Tests abgestimmt. Somit haben die Schüler zu Hause die Möglichkeit, den Lektionsstoff selbstständig zu wiederholen. Der Lehrer kann diese Aufgaben als Hausaufgabe aufgeben. Die Übungen auf der CD-ROM können auch im Sinne der Binnendifferenzierung genutzt werden.

Lehrerhandbuch

Das Lehrerhandbuch enthält:
- **Unterrichtspläne** zu den einzelnen Lektionen. Gegliedert nach der Aufgabenabfolge im Kursbuch bietet es eine Beschreibung der Unterrichtsschritte. In der vorletzten Spalte ist die Abfolge der empfohlenen Sozialformen angegeben. Die Spalte ganz rechts ist frei. Hier kann der Lehrer entsprechend den Rahmenbedingungen seines Unterrichts seine eigene Zeitplanung festhalten.
- **Spielanleitungen** zu den Spielen im Lehrwerk
- **Kopiervorlagen** für spielerische Aktivitäten, die fakultativ im Unterricht eingesetzt werden können
- auf die Lerninhalte der Lektionen abgestimmte **Tests**, die in zwei Fassungen (A und B) vorliegen, die in den Aufgaben variieren, aber inhaltlich identisch sind
- **Transkriptionen** zu den Hörtexten von Kurs- und Arbeitsbuch
- **Lösungen** zu den Aufgaben in Kurs- und Arbeitsbuch

Ergänzende Materialien und weiterführende Informationen befinden sich im Lehrwerkservice im Internet: www.hueber.de/beste-Freunde

Wenn im Lehrerhandbuch vereinfachend von „Lehrer", „Schüler" oder „Partner" die Rede ist, so impliziert dies selbstverständlich immer die weibliche Form und stellt keine Wertung dar.

In diesem Lehrerhandbuch verwendete Abkürzungen:

KB = Kursbuch	s. = siehe
AB = Arbeitsbuch	PL = Plenum
S. = Seite	EA = Einzelarbeit
Ü = Übung	PA = Partnerarbeit
S = Schüler	GA = Gruppenarbeit
L = Lehrer	KÜ = Kettenübung

Modul Anna, Lektion 19

Seite	Aufgabe Material Verweis	Ablauf	Form	Zeit
S. 6		Für Klassen, die bereits mit *Beste Freunde A1* gearbeitet haben: Die S sehen sich die Personen an. Der L geht dann auf Anna ein *(Wen kennt ihr schon? Was wisst/erfahrt ihr über Anna?)*. Die S lesen dann die Sprechblasen der anderen Protagonisten und sprechen über die Hobbys und Lieblingsbeschäftigungen. Für Klassen, die noch nicht mit *Beste Freunde A1* gearbeitet haben: Die S sehen sich die Personen an und lesen die Sprechblasen. Der L fragt nach den Hobbys und lenkt die Aufmerksamkeit auf Annas Sprechblase *(Was erfahrt ihr über Anna?)*. Der L erklärt, dass Anna eine Protagonistin aus Band 1 ist und nun nach Köln umgezogen ist. Das ist wichtig, weil Anna in Lektion 19 mit ihren Freunden aus München skypt.	PL	
S. 7	1a	Die S sehen sich das Bild von Anna, die kleine Deutschlandkarte und evtl. das Bild von Fabio und Luisa auf dem Schulhof an. Der L lässt die S kurz über Anna berichten *(Was wisst/erfahrt ihr über Anna?)* und lässt Vermutungen über die neuen Freunde von Anna anstellen *(Wer ist wohl Fabio bzw. Luisa?)*. Im Anschluss lesen die S den Dialog still. Gemeinsam mit einem Partner lesen die S den Dialog ein weiteres Mal mit verteilten Rollen und achten dabei besonders auf alle Informationen zu Anna. Danach erstellen sie zu zweit eine Mind-Map und ergänzen die entsprechenden Informationen über Anna. Im Anschluss tragen die S ihre Ergebnisse mündlich im Plenum vor. Der L schreibt diese an die Tafel.	PL EA PA PL	
	1b	Die S beantworten die Frage *Was weißt du noch über Anna?* Hinweis für den L: Diese Aufgabe ist vor allem für Klassen geeignet, die bereits mit *Beste Freunde A1* gearbeitet haben.	PL	
	2	Die S suchen im Text nach Informationen über Köln, den Karneval, den Rhein bzw. den Dom und ordnen diese Begriffe entsprechend den Bildern zu. Im Anschluss tragen sie ihre Ergebnisse mündlich im Plenum vor.	EA PL	
S. 8	1	Die S schauen sich zunächst kurz die Bilder an, um die Situation zu verstehen. Danach lesen zwei S mit verteilten Rollen die Sprechblasen laut vor. Der L erklärt die neue Vokabel *fehlen* (+ Dativ). Die S notieren dann zu zweit W-Fragen, die zur Situation passen, wie z.B. *Wer sind die Jugendlichen auf dem Foto? Was machen Anna und sie? Woher kommt Anna? Wo ist Anna jetzt? Wie geht es Anna in Köln?* Hinweis für den L: Diese Aufgabe kann in Klassen, die bereits mit *Beste Freunde A1* gearbeitet haben ausgeweitet werden: *Wo wohnen Simon und Laura? Wann ist Anna nach Köln gegangen? Warum ist sie nach Köln gegangen?* In der Klasse stellen die Zweiergruppen dann jeweils eine Frage. Die anderen S beantworten sie. Der L stellt eventuell Rückfragen bezüglich der abgebildeten Jugendlichen, Umzug, Skype usw.	EA PL PA PL	
	2a •))) 2	Die S lesen zunächst still die Fragen und den Hinweis von Anna; evtl. unbekannte Wörter werden kurz geklärt. Die S hören das Gespräch und bringen im Anschluss die Fragen in die richtige Reihenfolge.	PL EA	
	2b •))) 2	Die S lesen nun kurz die Antworten in 2b und hören das Gespräch ein zweites Mal, wobei sie die Antworten ergänzen. Die Lösungen zu 2a und 2b werden anschließend im Plenum besprochen, indem Frage und passende Antwort dialogisch vorgelesen werden. → AB, S. 6 Ü 1–2	EA PL	

S.9	3a Notizzettel	Die S bekommen einen Notizzettel wie in 3a vorgegeben. Jedes Paar notiert sich zu den Nomen im Schüttelkasten jeweils ein Adjektiv, das passt.	PA	
	3b	Anschließend setzen sich immer zwei Paare zusammen und führen den in 3b vorgegebenen Dialog. Dabei sollen die Possessivartikel in der 1. und 2. Person Plural zum ersten Mal zur Anwendung kommen. Die S können während des Dialogs die entsprechenden Possessivartikel vom Grammatikkasten ablesen. → AB, S.6–7 Ü 3–5	GA	

→ **AB, GRAMMATIK**

AB S.6	3a	Die S bekommen kurz Zeit, um die Sätze in 3a durchzulesen. Dann verbinden sie die Sätze, die zueinander passen. Anschließend wird kurz im Plenum die richtige Zuordnung besprochen.	EA PL	
AB S.7	3b	Die S unterstreichen in 3a die Possessivartikel und die dazugehörigen Nomen wie im Beispiel. Danach ergänzen sie die Tabelle, indem sie die Possessivartikel aus den Sätzen in 3a heraussuchen. Der L schreibt in der Zwischenzeit die Tabelle an die Tafel. Schließlich füllt der L die Tabelle mithilfe der S im Plenum aus. Der L kann an dieser Stelle auf die veränderte Form bei *euer* und *eure* sowie auf den Lerntipp hinweisen. → AB, S.7 Ü 4–5	EA PL	

S.9	4a 3–4	Die S schauen sich zunächst die Bilder an und beschreiben kurz, was sie sehen. Danach hören sie die Dialoge und entscheiden, welches Bild nicht zu dem Gehörten passt.	PL EA	
	4b 3–4	Die Tabelle in 4b veranschaulicht die Dialektunterschiede zwischen München und Köln. Der L kann sie an die Tafel schreiben. Hinweis für den L: Vor dem zweiten Hören der Texte lesen die S zunächst den Hinweis von Anna. Der L erklärt den S, dass es sich z. B. bei *Semmel* und *Brötchen* um Synonyme handelt. Die S hören den Dialog ein zweites Mal und notieren in ihrem Heft, was man wo sagt. Anschließend wird im Plenum die Tabelle an der Tafel ausgefüllt und jeder S vergleicht die Ergebnisse mit seinen eigenen.	PL EA PL	
	5a	Die S schauen sich die Abbildungen der Möbel mit den neuen Wörtern an. Danach notieren sie sich kurz im Heft, welche Möbel bzw. Sachen ihrer Vermutung nach in Annas Zimmer sein könnten bzw. welche nicht. Der L schreibt in der Zwischenzeit eine Tabelle mit den Kategorien +/– an die Tafel. Im Plenum wird kurz darüber diskutiert, welche Möbel Anna wohl in ihrem Zimmer haben könnte *(Ich glaube, in Annas Zimmer ist ein/kein …).*	EA PL	

S.10	5b	Nun schauen die S die Abbildung von Annas Zimmer an. Sie vergleichen sie mit ihren vorherigen Notizen und bekommen kurz die Gelegenheit, ihre Notizen zu korrigieren. Die tatsächlich vorkommenden Möbel werden in der Klasse genannt, um die Vermutungen aus 5a zu überprüfen. *fakultativ: Der L lässt dann die S die jeweiligen Möbel aus 5a anhand der verschiedenen Wohnräume (Küche, Wohnzimmer, Schlafzimmer, Bad) kategorisieren und schreibt diese als Tabelle an die Tafel. Mögliche Frage: Was gibt es in der Küche? usw.* → AB, S.8 Ü 6–7	EA PL	
	6	Die Sätze in 6 beschreiben, wo sich was im Zimmer befindet. Die S lesen die Satzteile und ordnen sie anhand der Abbildung zu. Anschließend wird kurz die Lösung besprochen. Der L erläutert dabei die Bedeutung der Verben, die auch noch einmal im Grammatikkasten illustriert wird.	EA PL	

| S.10 | 7 | Die S schauen sich das Bild genau an und machen sich evtl. Notizen. Die S übernehmen nun die Rolle der Mutter und bilden weitere Sätze mit den Positionsverben. Der L macht auf den Grammatikkasten aufmerksam und darauf, dass die S hier auf die Frage *Wo?* antworten und die Präpositionen mit Dativ verwenden. Der L kontrolliert im Plenum die Anwendung der Positionsverben und der Präpositionen mit Dativ.

→ AB, S. 9 Ü 9 | EA
PL | |

(→) **AB, GRAMMATIK**

| AB
S.9 | 9a | Die S ergänzen die Positionsverben. Die Lösungen werden in der Klasse laut vorgelesen und kontrolliert.
fakultativ: Der L schreibt die Verben liegen, stehen, hängen an die Tafel und ergänzt die Präsensformen in der 3. Person Singular wie folgt:
• *liegen – er/es/sie liegt*
• *stehen – er/es/sie steht*
• *hängen – er/es/sie hängt* | EA
PL | |
| | 9b | Im nächsten Schritt unterstreichen die S die Präpositionen wie im Beispiel und leiten entsprechend die Regel ab.
Die Regel wird im Plenum kurz kontrolliert.
fakultativ: Der L ergänzt in der Übersicht aus 9a die entsprechenden Partizipien im Perfekt mit Hilfsverb wie folgt:
• *liegen – er/es/sie hat gelegen*
• *stehen – er/ es/sie hat gestanden*
• *hängen – er/es/sie hat gehangen*

→ AB, S. 9–10 Ü 10–13 | EA
PL | |

| S.10
AB S.87/90 | 8 | Partnerspiel: A und B haben unterschiedliche Bilder, die sie nach dem vorgegebenen Muster beschreiben sollen. Dabei werden die Präpositionen in/an/auf + Dativ angewendet. Die Partner müssen fünf Unterschiede zwischen den beiden Bildern finden. | PA | |

S.11	9a	Die S lesen den Forumsbeitrag von Sanne12 und beschreiben kurz auf Deutsch, was das Problem von Sanne12 ist.	PL	
	9b	Der L verweist auf die anderen Beiträge im KB und bittet die S, je einen der Texte durchzulesen und den Inhalt der Klasse zu präsentieren. Am Ende sagen die S, wer von den anderen Forumsmitgliedern keinen Tipp gibt.	EA PL	
	9c	Die S lesen nun die Texte ein weiteres Mal und entscheiden dann in Partnerarbeit, ob die Sätze 1–6 richtig oder falsch sind. Der L fordert die S auf, die entsprechenden Stellen bzw. Schlüsselwörter im Text in ihrem Heft zu notieren. Im Plenum werden dann die Ergebnisse verglichen.	PA PL	
	9d	Der L weist die S auf die Redemittel zum Tipp-Geben hin, die in den Forumsbeiträgen aus 9a zu finden sind *(Versuch es doch auch mal! Das ist super! Probier es doch aus)*. Nun schreiben die S einen eigenen Forumsbeitrag und geben Sanne12 einen Tipp. Im Anschluss lesen die S ihre Texte im Plenum vor. → AB, S.10–11 Ü 14–16	EA PL	

WIEDERHOLUNG				
S. 24	1	Die S ergänzen die fehlenden Buchstaben und erstellen so eine Liste von Möbeln in ihrem Heft. *fakultativ: Die S schreiben die Wörter mit Artikel und Pluralendung auf:* *der Tisch, -e usw.* Danach markieren sie zur Visualisierung die Wörter in der entsprechenden Genusfarbe. *alternativ: die S schreiben die Vokabeln in Gruppen entsprechend auf ein blaues, rotes und grünes Plakat; die Plakate werden dann in der Klasse aufgehängt.*	EA GA	
	2	Die S zeichnen die Wohnung in ihr Heft; jeder Partner zeichnet auch die ersten fünf Möbel beliebig in die gezeichnete Wohnung ein. Die Partner A und B fragen sich abwechselnd wie im vorgegebenen Dialogschema und erraten, wo sich die entsprechenden Möbel beim jeweils anderen befinden.	PA	
	Kopiervorlage	*fakultativ: Die S zeichnen das Zimmer entsprechend den Vorgaben der Kopiervorlage.*	EA	

Modul Anna, Lektion 20

Seite	Aufgabe Material Verweis	Ablauf	Form	Zeit
S.12	1a	Die S betrachten zunächst das Bild und stellen Vermutungen an. Dabei sollen sie sich für eine der drei Auswahlmöglichkeiten entscheiden. Die neuen Wörter (*Brief* und *Tagebuch*) werden erschlossen oder, falls nötig, in der Klasse erläutert. Mögliche Zusatz-Fragen, die der L stellen kann: *Macht Anna (keine) Hausaufgaben? / Schreibt Anna (k)einen Brief? Warum (glaubst du das)?* Die S begründen ihre Wahl auch auf Deutsch, indem sie z. B. sagen: *Anna macht (keine) Hausaufgaben, sie schreibt (nicht) in ein Heft* oder *Anna schreibt (k)einen Brief, das ist ein Tagebuch.*	PL	
	1b	Die S lesen zunächst den Anfang des Textes für sich und vergleichen den Inhalt mit ihren Vermutungen aus 1a. Der L kontrolliert im Nachhinein das Globalverständnis. Mögliche Fragen: *Was macht Anna wirklich? Was schreibt sie?* Hinweis für den L: Die S erschließen die Bedeutung der Verben *sich fühlen* und *sich ärgern* aus dem Kontext.	EA PL	
	1c	Die S lesen nun den Text weiter und überlegen, wer die neuen Freunde von Anna sind. Dabei ordnen sie die Namen im Text den Bildern zu. In der Klasse wird die Lösung der Aufgabe besprochen. Hinweis für den L: Der L und die S bringen die vergrößerten Fotos der neuen Charaktere mit Namensschildern an der Tafel an oder der L verweist auf S. 6 im KB.	EA PL	
S.13	2a	Die S lesen jetzt den ganzen Text noch einmal und ordnen zu zweit die Namen den Informationen 1–10 zu. Der L stellt dabei zunächst eine Beispielfrage (*Wer sieht gut aus?*), die die S beantworten (*Jonas sieht gut aus*). Im Anschluss wird in der Klasse die Lösung der Aufgabe besprochen. Nach Abschluss des Leseverstehens werden noch unbekannte Wörter aus dem Text, die den S Schwierigkeiten bereiten, im Plenum erklärt. Hinweis für den L: Bei Fragen bezüglich der Reflexivverben kann der L kurz die Bedeutung des Verbes in der Muttersprache erklären, aber er sollte dabei noch nicht auf die Grammatik eingehen.	PA PL	
	2b	Die S stellen im Plenum, wenn nötig in der Muttersprache, Vermutungen an, wie die Geschichte mit Anna und Jonas wohl weitergeht. → AB, S. 14 Ü 1–2	PL	
	3a	Der L schreibt zuerst an die Tafel: *oft: 75%* *manchmal: 25%-50%* *nie: 0%* Der L lässt die S evtl. noch einmal im Plenum die Bedeutung der Adverbien in der Muttersprache benennen. Die Wörter sind aus vorigen Lektionen bekannt. Dann lesen die S still die Fragen und beantworten sie für sich.	PL EA	
	3b	Die ersten zwei Aussagen des vorgegebenen Dialogs werden zuerst von den S vorgelesen. Der L schreibt dann an die Tafel: *Wie oft fühlst du dich allein? – Ich fühle mich nie allein.* Der L unterstreicht die Pronomen und weist auf den Grammatikkasten zu den reflexiven Verben hin. Die S besprechen jetzt in Form eines Partnerinterviews ihre Antworten aus 3a. → AB, S.14-15 Ü 3-5	PL PA	

→ **AB, GRAMMATIK**

AB S.14	3a	Die S lesen den Dialog und unterstreichen Subjekte und reflexive Verben, wie im Beispiel vorgegeben.	EA	
	3b	Nun ergänzen die S mithilfe der unterstrichenen reflexiven Verben aus 3a die Tabelle. Der L lässt sich die Ergebnisse von den S diktieren und schreibt sie in der Tabellenform an die Tafel. Im Anschluss weist er auf den Tipp und die Formengleichheit von Reflexivpronomen und Personalpronomen im Akkusativ mit Ausnahme der 3. Person Singular und Plural hin. → AB, S. 15 Ü 4–5	EA PL	

S.13	4 Softball	Der L klärt zunächst die Namen der auf den Fotos abgebildeten Personen *(Wer ist das auf Bild C? Das ist Laura)*. Die S lesen dann für sich die Angaben im Schüttelkasten und ordnen den Bildern die passenden reflexiven Verben zu. Dann fragt der L die S: *Was ist Laura gestern passiert?* Die S antworten mündlich entsprechend mit dem vorgegebenen Beispielsatz im Perfekt. Der L schreibt an die Tafel: *sich krank fühlen* *Präsens (heute): Laura fühlt sich krank.* *Perfekt (gestern): Laura hat sich krank gefühlt.* *Perfekt: er hat sich … ge-…-t* Der L erläutert kurz (evtl. in der Muttersprache) die Perfektbildung bei den reflexiven Verben. Der L weist dabei auf den Grammatikkasten hin. Nun bilden die S mündlich ähnliche Fragen und Sätze zu den Bildern B–D, z.B. indem sie sich S einen Softball zuwerfen und immer derjenige, der den Ball fängt, einen Satz bzw. eine Frage im Perfekt bildet.	PL EA PL	
	5	Die S arbeiten zu zweit und schreiben gemäß dem Dialogschema zwei kleine Dialoge. Unbekannter Wortschatz kann den Illustrationen entnommen werden; falls es jedoch trotzdem Fragen geben sollte, hilft der L. Dann tragen die S ihre Dialoge kurz der Klasse vor. Bei sehr großen Klassen können einzelne Paare ausgelost werden. → AB, S. 15–16 Ü 6–8	PA PL	

→ **AB, GRAMMATIK**

AB S.15	6a	Die S lesen die E-Mail und unterstreichen die Sätze mit den reflexiven Verben. Der L kontrolliert, was die S unterstrichen haben.	EA PL	
	6b Satzkarten	Die S schreiben die Sätze mit den reflexiven Verben aus 6a in das Schema. Der L kontrolliert kurz. Hinweis für den L: Das Schema aus 6b kann mit bunten Satzkarten gemeinsam an der Tafel angebracht werden. → AB, S. 16 Ü 7–8	EA PL	

Modul Anna, Lektion 20

(→) AB, SCHREIBTRAINING

| AB S.16 | 9 | Der L wiederholt kurz die Merkmale einer persönlichen E-Mail, indem er an die Tafel schreibt:
 Liebe Sandra! Hallo Sandra!
 Lieber Timo! Hallo Timo!
 Hi! (…)
 Tschüss! / Schreib mir bald! / Liebe Grüße
 (Deine) Sophie / (Dein) Oliver
 Die S bearbeiten Schritt 1. Sie sammeln Ideen als Antwort auf Sandras E-Mail und schreiben eine E-Mail in ihr Heft. In Schritt 2 überprüfen die S ihre E-Mail noch einmal selbst auf Rechtschreibung und Satzstellung. Der L geht herum und überprüft die E-Mails auf Richtigkeit.
 Hinweis für den L: bei großen Klassen wird die E-Mail zunächst mit dem Partner getauscht. Die S kontrollieren gegenseitig auf Rechtschreibung und Satzstellung. Anschließend werden alle Texte vom L eingesammelt und kontrolliert.
 fakultativ: Der L kann die S darum bitten, den Text als Hausaufgabe abzutippen und ihn per E-Mail an ihn zu schicken, sodass eine schnellere Korrektur vorgenommen werden kann und bei Bedarf die Texte einiger S der Klasse gezeigt werden können.
 Der L gibt in der nächsten Unterrichtsstunde die korrigierten E-Mails zurück und die S übertragen die verbesserten Texte ins Heft. | PL
 EA | |

S. 14	6a �))) 5	Die S lesen zuerst die Wörter und der L lässt in der Klasse, wenn nötig, ihre Bedeutung klären. Hinweis für den L: Die Vokabeln *Straßenfest* und *Musikfestival* sind u. U. unbekannt und sollten an dieser Stelle geklärt werden. Der L kann ggf. die Bedeutung auf Deutsch erklären, z.B. *Ein Straßenfest ist eine große Party auf der Straße, ein Musikfestival ist ein Konzert mit vielen Musikbands.* Die S hören die Tipps im Radio und legen die richtige Reihenfolge fest. Der L kontrolliert kurz die richtige Reihenfolge.	EA PL EA PL	
	6b �))) 5	Die S lesen zuerst die Aufgaben für sich und hören dann die Tipps noch einmal. Beim Hören kreuzen sie die richtige Lösung an. Der L kontrolliert kurz.	EA PL	
	6c	Der L sagt zu den S: *Wohin möchtet ihr gehen? Sprecht mit eurem Partner darüber!* Die S führen mit ihrem Partner einen Dialog auf Deutsch. Der L hört im Hintergrund zu und achtet besonders auf die richtige Anwendung der Präpositionen (Wiederholung aus L 10: **ins** Theater/Kino, **zum** Straßenfest/Flohmarkt/Fahrradtraining/Musikfestival). → AB, S. 17 Ü 10	PA	
	7a	Die S lesen für sich die Überschriften aus dem Schüttelkasten und den Einleitungstext. Der L erklärt den neuen Wortschatz aus dem Schüttelkasten. Die Wörter *Clown, Diva* und *Professor* sind bereits aus dem Englischen bekannt und müssen nicht unbedingt erwähnt werden. Dann klärt der L die Rahmensituation aus dem Einleitungstext, indem er z.B. sagt: *Tom ist in unserer Klasse der „Typ" Clown. Er ist immer lustig und glücklich!* Danach ordnen die S den Textabschnitten die richtigen Überschriften zu. Der L kontrolliert kurz in der Klasse und klärt die noch unbekannten Wörter aus dem Gesamttext.	EA PL EA PL	
	Kopien	*alternativ (zeitaufwendiger): Der L teilt die Klasse in 4 gleich große Gruppen ein. Zuerst erhält jede Gruppe eine Kopie vom Schüttelkasten und vom Einleitungstext. Jede Gruppe bekommt außerdem die Kopie eines „Typ"-Textes (1–4). Dann wird in der Klasse der Einleitungstext von einem S laut vorgelesen, um die Rahmensituation zu klären. Der L kann dabei einen Beispielsatz sagen (s. o. Clown). Der L verweist kurz auf den Schüttelkasten und erklärt die Aufgabe. Die Gruppen lesen nun ihren „Typ"-Text, finden heraus, um wen es sich handelt, und ordnen ihrem Text die passende Überschrift aus dem Schüttelkasten zu.*	PL GA PL	

S. 15	7b	Die S lesen den Text ein zweites Mal und beantworten, evtl. zu zweit, die Fragen in 7b, indem sie die entsprechenden Informationen aus dem Text in ihre Tabelle im Heft übertragen.	EA/PA PL	
	Plakat mit Tabelle / Filzstifte	Der L bittet einige S, ihre Ergebnisse vorzutragen, um zu kontrollieren. *alternativ (im Anschluss an 7a): Der L verweist auf die Tabelle im Buch mit den fehlenden Informationen in 7b und erklärt die Aufgabe. Nun liest jede Gruppe ihren „Typ"-Text und die entsprechenden Angaben aus dem Schüttelkasten noch einmal und die S notieren die fehlenden Informationen ins Heft. In der Zwischenzeit hängt der L das Plakat mit der Tabelle aus 7b an die Tafel oder an die Wand. Nachdem die S die Informationen gefunden haben, steht ein S jeder Gruppe auf und ergänzt mit Filzstift die fehlenden Informationen zum Typ seiner Gruppe in der Tabelle. Die S schreiben die Tabelle komplett ins Heft ab.* *fakultativ: Ein Sprecher von jeder Gruppe präsentiert zum Schluss die Ergebnisse kurz auf Deutsch.*	PL GA PL	
	7c	Der L fragt die S: *Stimmt das? Gibt es diese „Typen"? Welche „Typen" kennt ihr noch?* Es folgt eine kurze Diskussion in der Klasse, wenn nötig in der Muttersprache. Hinweis für den L: Bei Bedarf kann auch das Thema „Stereotypen" angesprochen werden und dass sich die „Typen" in 7b darauf beziehen.	PL	
	8	Die S machen gemäß dem Dialogschema eine Kettenübung (s. Spielanlei-tungen LHB S. 45). Der Grammatikkasten mit den Genusfarben weist darauf hin, dass die S die Präposition *ohne* mit Akkusativ verwenden müssen. Der L muss nicht explizit darauf eingehen, sollte aber auf den Grammatikkasten verweisen. Der L geht in der Zwischenzeit herum und hört zu. → AB, S. 17–18 Ü 11–14	KÜ	

→ AB, GRAMMATIK

AB S. 18	13a	Die S verbinden die Bilder mit dem jeweils passenden Text. Der L kontrolliert kurz die richtige Zuordnung.	EA PL	
	13b	Danach unterstreichen die S alle Satzteile mit der Präposition *ohne* und er-gänzen die Tabelle und die Regel. Der L kontrolliert kurz. → AB, S. 18 Ü 14	EA PL	

S. 15	9a	Der L teilt die Klasse nach Mädchen (Gruppe 1) und Jungen (Gruppe 2) oder (bei großen Klassen) in mehrere kleinere Mädchen- bzw. Jungen-Gruppen ein. Bevor die S mit der Arbeit beginnen, erklärt der L den unbekannten Wortschatz aus den Schüttelkästen. Die Schüttelkästen geben Anregungen zum Wort-schatz und zu Redemitteln, die die S im Text einsetzen können. Die Jungen-Gruppe schreibt nun einen kleinen Text darüber, was typisch für Mädchen ist, und umgekehrt. Hinweis für den L: Ein S beginnt den Text mit einem Satz. Das Blatt wandert durch die Gruppe und wird von jedem S um einen weiteren Satz ergänzt.	PL GA	
	9b	Die Gruppen lesen ihre Texte laut vor. Die S aus der anderen Gruppe äußern ihre Meinung dazu. Dann diskutiert die Klasse über das Thema. → AB, S. 18–19 Ü 15–16	PL	

Modul Anna, Lektion 20

WIEDERHOLUNG					
S. 24		**1**	Die S sehen sich kurz die Bilder an, dann stellt der L eine Frage zu jedem Bild, z.B. *Wie fühlt sich das Mädchen?* Die S antworten und verwenden den in Lektion 20 erlernten Wortschatz.	PL	
		2	Der L bildet 4er- oder 5er-Gruppen. Jede Gruppe erarbeitet die Beschreibung einer Person aus der Gruppe. Dann liest ein S aus jeder Gruppe die jeweilige Beschreibung in der Klasse vor (s. auch vorgegebenes Dialogschema). Der Rest der Klasse muss raten, wer die beschriebene Person ist.	GA PL	
	Kopiervorlage		*fakultativ: Das Spiel kann sowohl in Partnerarbeit als auch in 5er-Gruppen durchge-führt werden. Der L gibt den Spielern die Spielkarten und erklärt den Ablauf des Spiels. Partnerarbeit: Jedes Paar erhält einen Stapel mit Fragekärtchen und einen Stapel mit Verbkärtchen. Spieler A zieht jeweils eine Karte von jedem Stapel (Fragewort + reflexives Verb) und bildet damit eine Frage (z.B. Wann ärgerst du dich?). Spieler B antwortet entsprechend (z.B. Ich ärgere mich nie) und ist dann an der Reihe. Gruppenarbeit: Wenn man die entsprechenden Reflexivpronomen in der 1. und 2. Person Plural üben möchte, werden 5er-Gruppen gebildet mit jeweils 2 A-Spielern, 2 B-Spielern und einem neutralen Spielleiter, der die Richtigkeit der Fragen und Antwor-ten überprüft. Gruppe A zieht jeweils eine Karte von jedem Stapel und fragt Gruppe B (z. B. Wann fühlt ihr euch prima?). Gruppe B antwortet entsprechen (Wir fühlen uns heute prima). Durch die Anzahl der Kärtchen ergeben sich insgesamt 5 Spielrunden. Während des Spiels geht der L herum, hört zu und leistet Hilfestellung, wenn nötig.*	PA GA	

Seite	Aufgabe Material Verweis	Ablauf	Form	Zeit
S. 16	1 ◗)) 6	Die S schauen das Bild an, ohne die SMS zu lesen, und hören die Szene. Sie bestimmen danach, um welches Fest es sich handelt. Der L kontrolliert, indem er die S fragt.	EA PL	
	2a	Die S schauen sich kurz das Bild an und lesen die SMS. Der L fragt: *Wo ist Anna? Wo ist Luisa?* Die S beantworten die Fragen. Dabei achtet der L auf die richtigen Präpositionen in den Antworten der S (*auf dem* Fest / *am* Eingang). *fakultativ: Der L schreibt nun an die Tafel:* *Anna ist am Eingang. Luisa ist auf dem Straßenfest.* Anschließend werden die neuen Wörter im Plenum erklärt.	EA PL	
	2b	Die S setzen sich, wie auf dem Bild dargestellt, Rücken an Rücken. Sie spielen die Dialoge nach dem vorgegebenen Schema. Der Schüttelkasten dient als Anregung für weitere Alternativen, wie z. B. *am Kiosk, an der Kasse* etc. Der neue Wortschatz wird von den S anhand der Bilder erschlossen. Der L geht herum und hört zu. *fakultativ: Der L ergänzt bzw. erweitert den Tafelanschrieb:* *Anna ist am Eingang. Luisa ist auf dem Straßenfest.* *Anna ist _____ Ausgang.* *… ist _____ Kiosk.* *… ist _____ _____ Kasse.* *… ist _____ _____ Tür.* *Nachdem die S die Dialoge gesprochen haben, ergänzen einzelne S die Lücken an der Tafel.* → AB, S. 22 Ü 1–3	PA PL	
	3a	Die S schauen sich kurz die Fotos an, lesen dann die Texte der Sprechblasen und ordnen diese den Bildern entsprechend zu.	EA	
	3b ◗)) 7	Die S hören die Szenen zur Kontrolle und vergleichen mit ihren Lösungen.	EA	

Seite	Aufgabe Material Verweis	Ablauf	Form	Zeit
S. 17	3c ◗)) 7	Die S lesen zunächst die Sätze 1–10. Der L erklärt die neuen Wörter in der Klasse oder die S erschließen diese gemeinsam mit dem L. Danach hören die S ein weiteres Mal die Hörszenen und markieren die richtige Lösung a oder b. Der L kontrolliert kurz in der Klasse.	PL EA PL	

⟶ AB, GRAMMATIK

Seite	Aufgabe Material Verweis	Ablauf	Form	Zeit
AB S. 23	7a	Die S lesen die Sätze und kennzeichnen durch A oder B, welche Aussage(n) ihrer Einschätzung nach zu den Bildern passen (individuelle Lösungen). Einzelne S lesen dann ihre Auswahl-Sätze vor. Hinweis für den L: Es wird empfohlen, die Grammatik im AB vor dem Lösen der Aufgabe im KB zu erarbeiten.	EA PL	
	7b	Die S lesen die Sätze in 7a noch einmal für sich und unterstreichen *nicht* und *kein-* wie in den Beispielen. Dann ergänzen sie die Negationswörter in 7b. Der L kontrolliert kurz in der Klasse.	EA PL	
	7c	Die S ergänzen zu zweit die Regel, wann man *nicht* oder *kein-* verwendet. Zur Kontrolle wird die Regel in der Klasse vorgelesen. → AB, S. 24 Ü 8–9	PA PL	

S. 17	4	Die S lesen zunächst die Stichpunkte im Schüttelkasten und der L klärt evtl. den unbekannten Wortschatz. Dann fragt der L die Klasse: *Was kann man auf einem Straßenfest nicht machen?* Der L weist dabei auf den Grammatikkasten und Annas Tipp hin. Die S antworten wie im Beispiel vorgegeben. Der L achtet dabei auf die richtige Negation der Satzteile. → AB, S. 22–24 Ü 4–10	PL	
	5 ⏹) 8	Die S schauen das Situationsbild und die Wörter im Schüttelkasten an. Das neue Wort *backen* wird mithilfe des Bildes neben dem Schüttelkasten erschlossen. Danach hören die S den Dialog und lesen mit. Die neuen Ausdrücke *Nun komm schon!* und *eben* werden in der Klasse erklärt. Dann bilden die S weitere Dialoge mit ihrem Partner. Der L geht herum und hört zu.	EA PL PA	
	6a	Die S schauen sich das Bild an und lesen die Aufgabe. Die Bedeutung der neuen Wörter wird mithilfe des kleinen Fotos *(Zelt)* und mithilfe des Bildes von Anna und Luisa *(es regnet)* erschlossen. Dann kreuzen die S zusammen mit einem Partner an, was vermutlich jetzt passiert. Sie diskutieren dabei kurz miteinander und bringen ihre Argumente ein.	PA	
	6b ⏹) 9	Die S lesen für sich die möglichen Antworten a–d. Dann hören sie den Dialog, vergleichen zu zweit mit ihrer Vermutung aus 6a und beantworten die Frage. Die Lösung wird kurz in der Klasse besprochen.	PA PL	

| S. 18 | 7 | Die S schauen sich die Bilder an und lesen den Dialog. Dabei erschließen sie unbekanntes Vokabular aus den Fotos und dem Kontext. Im Anschluss daran beantworten sie die Fragen 1–5. Der L bespricht danach die Antworten in der Klasse und geht dabei auf unbekannten Wortschatz ein, falls die S Fragen haben.
Hinweis für den L: In Bayern und in Österreich sagt man Breze(n) und sonst Brezel.

→ AB, S. 24–25 Ü 11–13 | EA
PL | |

| S. 19 | 8 | Die S lesen die Aufgabenstellung und die Sprechblase für sich. Dann weist der L auf den Grammatikkasten hin und fordert die S auf, die Frage in Partnerarbeit mündlich zu beantworten. Der L geht herum und hört zu.

→ AB, S. 25–26 Ü 14–15 | PA | |

⟳ AB, GRAMMATIK

| AB
S. 25 | 14a | Die S lesen zunächst den Dialog und kreuzen das passende Bild an. Der L kontrolliert kurz in der Klasse. | EA
PL | |
| | 14b | Die S unterstreichen in 14a die Personalpronomen im Dativ (alle Satzteile mit *bei*). Im Anschluss ergänzen sie die Tabelle wie im Beispiel. Der L kontrolliert kurz in der Klasse. | EA
PL | |

| S. 19 | 9 | Die S lesen zuerst für sich den Schüttelkasten sowie die Sprechblase und machen sich Notizen zu ihrem letzten Volksfest, d. h. sie notieren, was sie erzählen möchten (ca. 3 Minuten), aber schreiben keine ganzen Sätze(!). Der L geht herum und hilft, wo nötig. Dann werden die Ergebnisse, oder einige davon, im Plenum vorgetragen.
alternativ: Jeder S berichtet mithilfe seiner Notizen seinem Nachbarn über das Fest. Der L geht herum und hört mit.

→ AB, S. 26 Ü 16 | EA
PL
PA | |

→ AB, SCHREIBTRAINING

AB S. 26	16a	Die S lesen den Text und den Tipp. Der L bittet einige S die jeweiligen Beispielsätze aus dem Text vorzulesen. Der L schreibt die Beispielsätze an die Tafel. Möglicher Tafelanschrieb: *und: Wir sind Riesenrad und Fünfer Looping gefahren.* *dann: Dann haben wir Hähnchen und Pommes gegessen und Cola getrunken.* *außerdem: Außerdem haben wir Lebkuchen-Herzen gekauft.* Der L kreist die konjugierten Hilfsverben haben und sein in den Sätzen ein und lässt von den S die Regeln zur Verbposition bei diesen Konnektoren formulieren. Der L beginnt dabei von unten nach oben und schreibt unter die Konnektoren, Subjekte und Verben die jeweilige Position, z. B.: *Außerdem haben wir Lebkuchen-Herzen gekauft.* 1 2 3 Der L erklärt die Auslassung im ersten Beispiel mit *und* (*Wir sind Riesenrad gefahren und wir sind Fünfer Looping gefahren*).	EA PL	
	16b	Die S lesen für sich die Aufgabe und den Schüttelkasten. Sie wählen nun für jede der aufgeführten Situationen *(Party, Pause, Ferien)* drei Aktivitäten aus dem Schüttelkasten aus und schreiben Texte wie in 16a, indem sie die Sätze mit *und*, *dann* und *außerdem* verbinden. Im Anschluss lesen einige S je einen ihrer Texte im Plenum vor. Der L korrigiert. *alternativ: Die S korrigieren ihre Texte gegenseitig in Partnerarbeit. Erst im Anschluss daran fordert der L einige S auf, Beispieltexte vorzulesen.*	EA PL PA PL	

S. 19	10a	Die S schauen sich kurz die Bilder und den Schüttelkasten an und sagen dann, welches Lebkuchen-Herz zu welchem Anlass passt. Der L schreibt den vorgegebenen Satzanfang an die Tafel und unterstreicht dabei die Präposition *zu*: *Lebkuchen-Herz 1 gibt es zum …*	EA PL	
	10b	Der L stellt die Fragen *Gibt es bei euch auch Lebkuchen-Herzen? Was isst man bei euch zu Weihnachten, Ostern, …?* Die S antworten, wenn nötig in ihrer Muttersprache.	PL	
	10c	Die S malen ein Lebkuchen-Herz und schreiben einen Text darauf. Dann zeigen sie es den anderen und sagen, wem sie es zu welchem Fest schenken möchten. Der L weist auf die Sprechblase mit dem Beispielsatz hin und erklärt die Verwendung des Verbs *schenken* mit Akkusativ- *(mein Lebkuchen-Herz)* und Dativobjekt *(meinem Bruder)*. Der L achtet dann in den Aussagen der S auf die Objekte und die Verwendung der Präposition *zu* + Dativ. Hinweis für den L: Der L kann leere Lebkuchen-Herz-Vorlagen im Vorfeld ausdrucken. Die S gestalten diese individuell und präsentieren sie im Plenum und/oder bringen sie im Kursraum an. → AB, S. 27 Ü 17–18	EA PL	

→ AB, GRAMMATIK

AB S. 27	17	Die S beantworten die Fragen schriftlich. Dabei können sie die Verben im Schüttelkasten benutzen. Im Anschluss ergänzen sie die Regel. Der L kontrolliert kurz in der Klasse, indem er die Antwortsätze und die Regel vorlesen lässt. Er verweist außerdem auf den Tipp von Anna.	EA PL	

WIEDERHOLUNG					
S. 24		1	Der L zeichnet zunächst den Wortigel an die Tafel und lässt die S die ersten drei Wörter *(singen, Kaffee, Torte)* dem passenden Randbegriff zuordnen. Die S ordnen dann für sich den Wortschatz in den Wortigel ein. Die Lösungen werden in der Klasse kurz besprochen. *alternativ: Der L lässt 4er-Gruppen bilden. Jede Gruppe übernimmt eine Kategorie und ordnet ihr die passenden Wörter zu. Dann steht ein Repräsentant jeder Gruppe auf und schreibt die besprochenen Lösungen in den Wortigel an der Tafel.* Hinweis für den L: Die S können den Wortigel um zusätzlichen schon bekannten Wortschatz ergänzen. Die Ideen werden im Plenum zusammengetragen.	PL EA PL GA PL	
		2	Die S fragen und antworten, indem sie jeweils ca. vier Sätze bzw. „Quatsch-Sätze" bilden. Der Partner entscheidet, ob das stimmt oder nicht. Der L geht herum und hört zu.	PA	
	Kopiervorlage		*fakultativ: Jeder S erhält eine Kopie. Die Aufgabe kann im Unterricht oder als Haus-aufgabe gelöst werden. Die vollständigen Sätze werden zur Kontrolle vorgelesen. Lösungen:* **A1** *am, am* **2** *bei, zu, bei* **3** *zu, bei, zu* **4** *an der, am;* **B1** *… kann keine Weihnachtskekse backen* **2** *… möchten nicht in die Kirche gehen* **3** *… hat keinen Hunger* **4** *… möchten kein Geschenk*	EA PL	

LANDESKUNDE					
S. 20	1	Die S betrachten zunächst die Bilder und stellen zu zweit in ihrer Muttersprache Vermutungen an, welche Feste dargestellt werden. Die S lesen dann die Wörter im Schüttelkasten und überprüfen und systematisieren ihre Vermutungen, indem sie die Wörter den Bildern zuordnen. Im Plenum überprüft der L, er erschließt gemeinsam mit den S die Bedeutung der Wörter *Silvester* und *Karneval* (wenn nötig in der Muttersprache) und verweist auf Annas Tipp.	PL PA	
	2	Der L bereitet die S auf den Text vor, indem er fragt: *Woher kommen Selina und Leon? Was sind ihre Lieblingsfeste?* Die S lesen dann zunächst einmal nur die Fragen, der L klärt unbekannten Wortschatz, z.B. *vorbereiten, feiern*. Die S lesen die Antworten von Selina und Leon zunächst für sich. Unbekannter Wortschatz wird anhand der Bilder erschlossen oder mit dem L im Plenum besprochen. Anschließend notieren die S zu zweit je zwei Informationen pro Fragebogen, die sie besonders interessant finden. Hinweis für den L: Die S sollten gleichzeitig überlegen, warum sie etwas interessant finden. Mögliche Begründungen: *witzig/lustig; komisch / anders als in meinem Land; typisch / wie in meinem Land …*	EA PA	
	3	Der L notiert auf Zuruf der S interessante Stichwörter zu den beiden Festen an der Tafel. Dazu können im Plenum kleine Diskussionen angeregt werden, wenn nötig in der Muttersprache. *alternativ: Der L bildet 4-er Gruppen. Je zwei Paare tauschen sich über die Texte aus. Der L geht durch die Klasse und hört zu.*	PL GA	
	4	Der L lässt nun in 4er-Gruppen zu den beiden Festen Weihnachten und Fasnacht in der Muttersprache typische Bräuche und Traditionen in der Familie sammeln. Anschließend führt er die Ergebnisse in der Muttersprache neben den Notizen zu 3 an der Tafel zusammen. Der L fragt anschließend *Was ist anders/ähnlich?* und markiert an der Tafel Unterschiede und Gemeinsamkeiten mit unterschiedlichen Farben. Hinweis für den L: Der L kann bei Bedarf auch weitere Informationen zu den Silvesterbräuchen in den deutschsprachigen Ländern geben: Im deutschsprachigen Raum ist es üblich am Silvesterabend Blei zu gießen. Die Figuren, die dabei entstehen, werden dann gedeutet und gewähren somit einen Blick in die Zukunft. Zu den traditionellen Bräuchen gehört auch das Essen von Linsengerichten, da die Linsen eine symbolische Bedeutung für Geld und Wohlstand haben. Am Neujahrstag werden traditionelle Glücksbringer wie z.B. Hufeisen, Schweinchen, Kleeblätter usw. verschenkt. *fakultativ: Der L lost Paare, die sich gegenseitig in einem Partnerinterview mithilfe des Fragebogenmusters aus 2 zu ihrem Lieblingsfest interviewen. Jeder S macht sich zur Vorbereitung auf das Interview Notizen zu den eigenen Antworten. Dann interviewt er seinen Partner und macht sich ebenfalls Notizen. Die Paare vergleichen ihre Notizen. Sie können diese dann entweder im Plenum präsentieren oder einen kleinen Text über ihren Partner und dessen Lieblingsfest schreiben. Der Text wird anschließend vom L eingesammelt und korrigiert.* *Hinweis für den L: Je nach Klasse, kann der L die S auch bitten, eigene schöne/typische Fotos zu den Festen mitzubringen.*	PL	

PROJEKT				
S. 21	**1**	Die S sammeln Ideen für ein mögliches Fest. Der L hält die Ideen an der Tafel fest. Mögliche weitere Feste: Sportfest, Kuchen-Bazar, Flohmarkt, Sommerfest, Picknick, Grillfest, …	PL	
	2	Der L bildet Gruppen nach Interesse der S zu den Festen an der Tafel. Mithilfe der Vorgaben im Schüttelkasten planen die Gruppen gemeinsam das Fest. Sie machen sich Notizen zu den einzelnen Stichpunkten.	GA	
	3 DIN-A3-Blätter/ Filzstifte/ Kleber/Schere	Anhand der Stichpunkte aus 2 erstellen die S ein Einladungsplakat zu ihrem Fest. Sie gestalten es nach ihren Vorstellungen. Der L gibt Material an die Hand. *alternativ: Steht ein Computerraum zur Verfügung, können die Einladungsplakate auch digital gestaltet und anschließend in der Klasse an die Wand projiziert werden.*	GA	
	4	Die S präsentieren das Einladungsplakat zu ihrem Fest in der Klasse. Die Plakate können im Klassenraum aufgehängt werden. Hinweis für den L: Diese praktische Aufgabe ist für die S besonders motivierend, falls tatsächlich ein Schüleraustausch vorgesehen ist und das Fest am Ende wirklich geplant und durchgeführt wird. Die Klasse stimmt darüber ab, welches Fest ihr Favorit ist.	PL	

Seite	Aufgabe Material Verweis	Ablauf	Form	Zeit
S. 25		Die S sehen sich die zwei Bilder von Fabio an. Der L wiederholt mit den S kurz die bekannten Informationen über Fabio aus vergangenen Lektionen, indem er Fragen stellt. Mögliche Fragen: *Wer ist Fabio? – (Annas Freund.)* *Wo wohnt Fabio? – (In Köln.)* Der L verweist dann auf den Namen der Zeitung, die Überschrift des Artikels und das Bild des verkleideten Fabio und sagt: *Fabio ist auf einem Fest in Köln. Wie heißt das Fest? – (Karneval.)* *Was ist Fabio hier auf dem Bild? – (Ein Pirat.)*	PL	
	1	Die S lesen den Text für sich. Nach dem ersten Lesen notieren sie sich drei wichtige Informationen zu Fabio, z. B. *Fabio geht in die Klasse 8 der Gutenberg Schule. / Sport ist sein Lieblingsfach. / Sein Bruder heißt Leon und ist 15 Jahre alt.* Der L kann fragen *Was erfahrt ihr noch über Fabio?* Die Ergebnisse werden in der Klasse besprochen.	EA PL	
	2	Der L bittet die S, sich den Schüttelkasten kurz durchzulesen, und klärt bzw. wiederholt gemeinsam mit den S das Vokabular, wenn möglich auf Deutsch. Mögliche Beispielsätze: *„Witzig" ist ein Synonym von „lustig". / „Dünn" heißt sehr, sehr schlank. / Sophie ist blond.* Der Lehrer könnte dabei auf S zeigen, die z. B. blond sind. Hinweis für den L: Die Adjektive *mutig, neugierig, verrückt und verliebt* können in der Muttersprache erklärt werden. Die S lesen den Text dann noch einmal und beschreiben Fabio im Anschluss mithilfe der Adjektive aus dem Kasten. Der L schreibt dazu die notwendigen Redemittel an die Tafel, z. B. *Ich glaube, er/Fabio ist …*	EA PL EA PL	
S. 26	1	Die S schauen sich die Bilder aus dem Fußball-Lexikon an und lesen die Ausdrücke 1–6. Dann ordnen sie zu zweit die Wörter den entsprechenden Bildern zu. Dabei wird der neue Wortschatz anhand der Bilder erschlossen. Die Ergebnisse werden in der Klasse besprochen. *fakultativ: Falls Interesse besteht, kann der L den Wortschatz zu Fußball bzw. den Spielerpositionen erweitern.* möglicher Tafelanschrieb: *-r Schiedsrichter, -r Fußballplatz, -r Stürmer, -r Verteidiger, -r Mittelfeldspieler*	PA PL	
	2a (•))) 10	Die S lesen die Frage und sehen sich die Bilder an. Sie erschließen mithilfe der Bilder den neuen Wortschatz *(Fußballplatz, Studio).* Zur Verständnissicherung kann der L fragen *Was macht man auf dem Fußballplatz? Wer arbeitet in einem Studio?*	EA PL	
	2b (•))) 11	Die S lesen zuerst die Sätze still und hören dann das ganze Interview. Während des Hörens oder danach notieren sie, ob die Aussagen richtig bzw. falsch sind. Die S vergleichen ihre Lösungen kurz in Partnerarbeit, dann werden die Lösungen in der Klasse besprochen.	EA PA PL	
	2c (•))) 11	Die S lesen zuerst den Text, hören dann das Interview ein zweites Mal und ergänzen die fehlenden Wörter im Text. Die S vergleichen ihre Lösungen kurz in Partnerarbeit. Der L bittet anschließend verschiedene S je einen Satz vorzulesen, um die Lösungen anzugeben. → AB, S. 33 Ü1–4	EA PA PL	

| S. 27 | 3 ⏵⏵ 12 | Der L erklärt zuerst die neuen Wörter im Schüttelkasten, indem er z. B. sagt: *Ich komme aus Deutschland/ … Ich bin Deutsche(r)/ … (S) kommt aus … Er/Sie ist …* Die S hören anschließend die Aussagen der Personen. Der L unterbricht den Hörtext nach jeder Aussage, sodass sich die S direkt zur jeweiligen Person äußern können. Die S bestimmen die Nationalität der Sprecher. Sie verwenden dabei die vorgegebenen Redemittel.
Der L weist auf die maskulinen und femininen Formen im Grammatikkasten und die Ausnahme zur femininen Form „Deutsche" hin.
Hinweis für den L: Der L kann im Anschluss daran in der Klasse nachfragen, welche Nationalitäten in ihrer Heimat noch vorkommen. Mithilfe der Rückmeldungen der Schüler schreibt der L weitere Nationalitäten an die Tafel, z. B. Bulgare/Bulgarin, Franzose/Französin. Die Regelfindung erfolgt in den folgenden Übungen im Arbeitsbuch.
→ AB, S. 33–35 Ü 5–8 | PL | |

→ **AB, GRAMMATIK**

AB S. 34	6a	Die S lesen die Tabelle mit den Nationalitäten und bestimmen dann zu zweit, ob es sich um eine Frau oder einen Mann handelt. Die Lösungen werden kurz in der Klasse besprochen.	PA PL	
	6b	Die S unterstreichen jetzt die Endungen in 6a und ergänzen die Regel. Die Regel wird im Anschluss von einem S in der Klasse laut vorgelesen.	PA PL	
	7a	Die S lesen zuerst die Sätze 1–3. Anschließend diskutieren sie, zu wem die Aussagen passen. Der L kann am Ende auflösen.	EA PA PL	
	7b	Die S ergänzen zunächst die Regel und vergleichen dann ihre Ergebnisse mit ihrem Partner. Der L bittet ein paar S zur Kontrolle die Regel laut vorzulesen.	EA PA PL	

S. 27	4a	Die S schauen sich zuerst die Bilder an. Dann lesen sie die Sätze 1–5 und ordnen sie zu zweit den Bildern zu. Der L kontrolliert kurz in der Klasse, besonders auch, ob die S die Bedeutung von *dürfen* richtig erschlossen haben (z. B. durch Übersetzung der Sätze in die Muttersprache).	PA PL	
	4b	Die S überlegen sich zu zweit, was Fabio auf die Fragen in 4a antwortet und spielen dann die Szenen. Im Anschluss spielen unterschiedliche S je eine Szene mit verteilten Rollen in der Klasse vor. Dabei sollte der L auch auf die Aussprache von *dürfen* achten.	PA PL	
	5	Die S denken sich je eine „nervige" Frage zu jedem Bild aus. Der L verweist dabei auf die Redemittel. Der L ruft dann einige S auf, die ihm je eine Frage stellen. Der L antwortet entsprechend, bis er „genervt" ist. Antwort: *Jetzt aber Ruhe!* *fakultativ: Einige S können im Anschluss auch die Rolle des L einnehmen, sich vor die Klasse stellen und die nervigen Fragen der anderen S beantworten.* → AB, S. 35 Ü 9–11	EA PL	

| AB S.35 | 9a | Die S schauen das Bild an und lesen die Sätze. Dann ordnen sie die Sätze den entsprechenden Sprechblasen zu. Der L kontrolliert kurz in der Klasse. | EA PL | |
| | 9b | Die S unterstreichen dann in 9a alle Formen von *dürfen* und schreiben sie in die Tabelle. Die fehlenden Formen ergänzen sie, indem sie sie mit der Konjugation von *können* vergleichen.
Der L bittet einen S, an die Tafel zu kommen und die Konjugation von *dürfen* anzuschreiben. Die S kontrollieren und korrigieren dann ggf. ihre Tabelle im AB. | EA PL | |

| S.27 | 6 | Der L weist ggf. noch einmal auf den Grammatikkasten mit der Konjugation von *dürfen* hin. Die S schreiben einen Text über ihre Traumschule. Dabei schreiben sie Sätze wie im Beispiel. Im Anschluss lesen sie die Texte in der Klasse vor.
Hinweis für den L: Der L kann den Umfang des Textes vorgeben (ca. 5 Sätze). | EA PL | |

S.28	7a	Die S lesen still die Titel und schauen sich die Bilder in 7b an. Dann wählen sie einen passenden Titel zum Text.	EA	
	7b	Die S lesen die Zeilen 1–13 und kontrollieren, ob ihre Auswahl in 7a richtig war. Danach wird der passende Titel in der Klasse vorgelesen.	EA PL	
	7c	Die S lesen zuerst die Sätze 1–5. Der L erläutert unbekannten Wortschatz bzw. lässt die S den unbekannten Wortschatz anhand der Illustrationen erschließen. Dann lesen die S den ganzen Text in 7b und entscheiden, wie die Sätze in 7c richtig heißen. Zum Schluss lesen einzelne S die richtigen Sätze zur Kontrolle vor.	EA PL	

| S.29 | 7d | Die S lesen die Frage und überlegen sich die passenden Antworten für 1–6. Der L weist dabei auf den Grammatikkasten hin.
Die S vergleichen ihre Ergebnisse zunächst in Partnerarbeit. Ein Paar stellt seine Lösungen in der Klasse vor, der L kontrolliert.

→ AB, S. 35–37 Ü 12–16 | EA PA PL | |

AB S.36	14a	Die S zeichnen zu zweit anhand der Sätze kleine Skizzen. Der L kontrolliert, ob die Sätze von den S richtig verstanden wurden, indem er einzelne Paare nach vorn bittet, um ihre Skizzen (jeder eine) an die Tafel zu zeichnen, oder indem er die Sätze in die Muttersprache übersetzen lässt.	PA PL	
	14b	Die S unterstreichen die Adjektive in 14a und nennen im Plenum die entsprechenden Komparative. Der L oder ein S schreibt sie an die Tafel, z. B. *dick → dicker* usw. Die S ergänzen die Formen im AB. Dann nennen die S die Komparativendung und ergänzen die veränderten Vokale. Der L weist noch einmal auf die Ausnahmen hin und darauf, dass die S sie auswendig lernen müssen.	PL EA	
	14c	Die S lesen noch einmal die Sätze in 14a und ergänzen die Regel im AB. Der L kontrolliert kurz.	EA PL	

S. 29	8	Der L erklärt den S den Ablauf des Spiels. Die S spielen mit ihrem Partner im Wechsel, bis bei einem von beiden der Ball ins Tor kommt. *alternativ: Der L teilt die Klasse in zwei Gruppen, die Mannschaften, ein. Die S spielen nun im Plenum „Fußball" (s. Spielanleitungen LHB S. 45).*	PA GA	
	AB S. 87/90			
	9	Zuerst bilden die S zu zweit Wortpaare. Dazu nehmen sie jeweils ein Wort aus jedem Kasten. Der L weist auf den Grammatikkasten hin. Dann formulieren die S anhand der Wortpaare Vergleichssätze wie in den Beispielen vorgegeben. Die S präsentieren ihre Ergebnisse in Kleingruppen. Der L geht herum und korrigiert die Vergleichssätze, falls nötig.	PA GA	
	10	Der L weist auf den Tipp von Fabio hin. Die S schauen sich die Bilder an und ergänzen die Sätze mit den fehlenden Informationen in ihr Heft. Die vollständigen Sätze werden zur Kontrolle vorgelesen. → AB, S. 37–38 Ü 17–19	EA PL	

⊙ AB, GRAMMATIK

| AB S. 37 | 17a | Die S ergänzen zu zweit das Tier-Quiz. Den neuen Wortschatz erschließen sie durch die Bilder. Im Anschluss daran lesen sie die Angaben in der Lösung und kontrollieren somit ihre Antworten. Die richtigen Antworten werden im Plenum vorgelesen. | PA PL | |
| | 17b | Die S ergänzen zu zweit die Regel. Der L kontrolliert kurz in der Klasse und weist auf den Tipp von Fabio hin. | PA PL | |

| S. 29 | 11 | Die S hören zuerst den Beispiel-Dialog. Der L erklärt die neuen Wörter und weist auf den Grammatikkasten hin. Dann spielen die S mit ihrem Partner ähnliche Dialoge, indem sie die Begriffe aus dem Schüttelkasten und das vorgegebene Dialogschema nutzen. Der L geht herum, hört zu und leistet ggf. Hilfestellung. | EA PA | |
| | ◦)) 13 | | | |

WIEDERHOLUNG				
S. 42	1	Die S bilden aus den Wortfetzen fünf Nomen und zwei Verben zum Thema Fußball und schreiben sie in ihr Heft. Dabei müssen die Nomen mit Artikel notiert werden. Die S können die Nomen mit der entsprechenden Artikelfarbe markieren. Der L lässt zur Kontrolle die Wörter von den S laut vorlesen.	EA PL	
	2a	Die S lesen die Redemittel im Schüttelkasten für sich. Dann spielen sie zu zweit Dialoge. Sie fragen und antworten abwechselnd.	EA PA	
	2b	Im Anschluss an 2a stellen die S ihre Ergebnisse mündlich im Plenum vor, indem sie die Redemittel zum Vergleich anwenden.	PL	
	Kopiervorlage	*fakultativ: Jeder S erhält eine Kopie und löst die Aufgabe für sich. Anschließend werden die Lösungen mit Fokus auf die korrekte Bildung des Komparativs und der Verbkonjugation im Plenum verglichen. Lösungen: **1** fährt schneller als; fährt nicht so schnell wie **2** ist jünger als; ist nicht so jung wie **3** ist es kälter als; ist es nicht so kalt wie **4** isst mehr als; isst nicht so viel wie*	EA PL	

Seite	Aufgabe Material Verweis	Ablauf	Form	Zeit
S. 30	1a	Die S sehen zunächst die Bilder an, um die Situation zu verstehen, dass sie einen Artikel aus Annas Zeitschrift lesen werden. Im Anschluss lesen sie den Anfang des Artikels. Danach fragt der L *Was ist das Thema und wie findet ihr es?* Die S antworten kurz auf Deutsch in der Klasse.	EA PL	
	1b	Die S lesen die Sätze 1–5. Der L klärt gemeinsam mit den S die unbekannten Wörter. Dann lesen die S den ganzen Artikel und bestimmen im Anschluss, ob die fünf Aussagen richtig oder falsch sind. Hinweis für den L: In den Sätzen 1–5 sind besonders die Wörter *vielleicht, nur, schon, jetzt* und die Negation mit *nicht/kein-* für das Leseverständnis ausschlaggebend. Der L sollte die S vor dem Lesen darauf hinweisen und kann die Bedeutung der Wörter wiederholen, um das Verständnis der Aussagen zu sichern. In der Klasse werden die Ergebnisse nach dem Lesen besprochen.	EA PL	
	2	Die S schreiben eine Antwort an die Zeitschrift. Sie orientieren sich an den Fragen im KB. Im Anschluss lesen einige S ihre Texte in der Klasse vor. Der L sollte vor dem Schreiben kurz die Struktur einer E-Mail mit den S wiederholen. Er kann fragen *Wie ist die E-Mail aufgebaut? Was brauchen wir?* (z.B.: Betreff, Anrede, Verabschiedung usw.). ⟶ AB, S. 41 Ü 1–3	EA PL	
S. 31	3a	Die S schauen sich kurz alle Schilder an und lesen die Fragen. Der L verweist auf Schild A und lässt einen S den Beispielsatz vorlesen. Der L schreibt den Beispielsatz an die Tafel und unterstreicht die Negation: *A: Hier darf man <u>keinen</u> Hund mitnehmen.* Ebenso geht der L bei Schild B vor und schreibt auch diesen Satz an die Tafel: *B: Hier darf man <u>nicht</u> fotografieren.* An dieser Stelle weist der L auf den Grammatikkasten hin und wiederholt die Bedeutung von dürfen sowie die Verwendung von *kein-* bzw. *nicht* an den obigen Beispielsätzen: *kein-* + Nomen / *nicht* + Verb. Dann schreiben die S zu zweit entsprechende Sätze zu den restlichen Schildern in ihr Heft. Der L kann die S bitten, das Modalverb *dürfen* und die Negationen in den Sätzen in ihrem Heft farblich hervorzuheben. Anschließend lesen einige S ihre Sätze zur Kontrolle vor.	EA PL PA PL	
	3b	Der L fragt die S, was sie bei sich in der Stadt nicht machen dürfen und sie lesen gemeinsam die Frage. Der L bittet einen S, die Beispielsätze laut vorzulesen, um die Redemittelhilfen vorzugeben. Die S erschließen anhand der Skizze die Bedeutung von *laut*. Dann fragen und antworten die S einander in einer Kettenübung (s. Spielanleitung LHB S. 45). Dabei stellt jeder S seinem Nachbarn die gleiche Frage: *Was darf man bei euch in der Stadt nicht machen?* Die S antworten immer mit: *Bei uns darf man …* ⟶ AB, S. 42 Ü 4–7	PL KÜ	

⊙→ **AB, GRAMMATIK**

Seite	Aufgabe Material Verweis	Ablauf	Form	Zeit
AB S. 42	4a	Die S schauen sich die Schilder an und lesen die Sätze. Dann ordnen sie jedem Schild den passenden Satz zu. Der L bittet einen S die zugeordneten Sätze zur Kontrolle vorzulesen.	EA PL	
	4b	Die S unterstreichen in den Sätzen in 4a das Modalverb und die Negation. Dann ergänzen sie die Regel. Die Regel wird in der Klasse zur Kontrolle vorgelesen.	EA PL	

S.31	4	Die S schauen sich die Skizzen an, lesen dann still die Beschreibungen und ordnen sie zu zweit den Skizzen zu. Mithilfe der Bilder erschließen sie den neuen Wortschatz. Hinweis für den L: Falls es trotzdem Fragen zu unbekanntem Wortschatz geben sollte, können Vokabeln wie *Ampel, Ecke* und *Kreuzung* anhand von kleinen Skizzen an der Tafel veranschaulicht werden. *Rechts, links* und *geradeaus* sind zwar aus vergangenen Lektionen bekannt, können bei Bedarf jedoch mithilfe von Pfeilen ebenfalls an der Tafel veranschaulicht werden. Der L kontrolliert in der Klasse die Ergebnisse.	PA PL	
	5a ((•)) 14	Die S lesen die Frage und hören dann den Anfang des Gesprächs. Die S beantworten in der Klasse die Frage.	EA PL	
	5b ((•)) 15	Der L verweist auf den Stadtplan und die zwei möglichen Wegbeschreibungen. Die S hören nun das Gespräch weiter und lesen gleichzeitig in 5b mit. Zu zweit vergleichen sie die Wegbeschreibung im Text mit dem Stadtplan und entscheiden mit ihrem Partner, welcher Weg im Text beschrieben wird (rot oder blau). Der L kontrolliert kurz in der Klasse indem er abstimmen lässt: *Wer sagt blau, wer sagt rot?* Hinweis für den L: Nach Auflösung des richtigen Weges kann die Wegbeschreibung zur Selbstkontrolle nochmal gehört werden.	EA PA PL	
	5c ((•)) 16	Die S lesen zunächst die Fragen und hören dann das Ende des Gesprächs. Falls nötig, hören sie den Text ein zweites Mal. Danach beantworten die S die Fragen in der Klasse. Der L kann die Frage *Bis wohin muss Anna gehen?* mit der passenden Antwort *Bis zum Ende ...* an die Tafel schreiben und das Fragewort und die Präposition unterstreichen, um auf die neue Grammatik aufmerksam zu machen. Anschließend weist der L zur Systematisierung auf den Grammatikkasten hin. → AB, S. 43–44 Ü 8–12	EA PL	

(→) AB, GRAMMATIK

AB S. 43	9a	Die S schauen sich kurz die Bilder an und lesen die Wegbeschreibungen. Dann ordnen sie die Beschreibungen den Bildern zu. Der L kontrolliert kurz in der Klasse.	EA PL	
	9b	Die S unterstreichen jetzt in 9a die Präposition *bis zu* und den Artikel und ergänzen anschließend die Regel. Der L kontrolliert im Plenum, indem er von einem S die Tabelle an der Tafel ergänzen lässt. Die S vergleichen mit ihrer Tabelle im AB und korrigieren ggf. → AB, S. 43–44 Ü 10–12	EA PL	

S.31	6 AB S. 88/91	Die S lesen zuerst die Aufgabe auf ihrem Partnerblatt für sich. Zwei S lesen anschließend den Beispieldialog laut vor. Dann fragen sich die Partner gegenseitig zu den jeweiligen Zielorten auf ihren Partnerseiten und erklären ihrem Partner den Weg bzw. hören zu und zeichnen den Weg und die Orte in ihre Karte ein. Insgesamt muss jeder S nach drei Zielorten fragen und drei Wegbeschreibungen geben. Der L geht herum, hört mit und verbessert, falls nötig.	PA	

S.32	7a	Die S schauen sich zuerst nur die Bilder an. Dann wählen sie zu zweit eine passende Überschrift für die Geschichte aus. Der L fragt danach die Klasse *Was glaubt ihr? Was passt?* Die S nennen die Lösung. Der L bespricht kurz, wenn nötig in der Muttersprache, warum die zwei anderen Überschriften (1 und 3) nicht in Frage kommen.	EA PA PL	

S. 33	7b	Die S lesen jetzt die Sprechblasen der Bildergeschichte in 7a und Pauls Antworten in 7b. Sie ordnen dann die Antworten den leeren Sprechblasen in der Bildgeschichte zu. Die Lösungen werden in der Klasse besprochen, indem die S mit verteilten Rollen den Dialog vorlesen.	EA PL	
	7c	Der L verweist auf das Bild F. Die S schauen sich das Bild noch einmal an. Der L fragt *Warum ärgert sich Katrin?* Die S antworten in der Muttersprache.	PL	
	8	Die S überlegen zu zweit, wie die Geschichte zwischen Katrin und Paul weitergehen könnte. Die Denkblasen in 8 können als Anregungen dienen. Die S können aber auch eigene Ideen umsetzen. Die S schreiben dann zu zweit die Fortsetzung in Form eines kleinen Dialoges. Der L bittet einige Schülerpaare ihre Dialoge in der Klasse vorzuspielen.	PA PL	
	9	Die S lesen noch einmal das Gespräch zwischen Katrin und Paul in 7a und beantworten, was richtig ist. Die S vergleichen ihre Ergebnisse zunächst in Partnerarbeit. Ein Paar stellt seine Lösungen in der Klasse vor, die anderen S kontrollieren.	EA PA PL	
	10	Die S schauen die Fotos an und lesen die Fragen. Der L verweist auf den Grammatikkasten und erläutert die Bedeutung (nicht das grammatische Phänomen) der Superlativformen *am schönsten* und *am besten*. Die S stellen sich dann zu zweit Fragen nach dem vorgegebenen Muster und antworten ihrem Partner entsprechend. Der L geht herum und hört zu. Im Anschluss lässt der L einen Beispieldialog von einem Paar vorspielen. Hinweis für den L: Der L macht vorher darauf aufmerksam, dass das Verb *gefallen* hier nur in Kombination mit gut und schlecht und deren Steigerungsformen verwendet werden kann. → AB, S. 45–46 Ü 13–15	PL PA	

(→) **AB, GRAMMATIK**

| AB
 S. 45 | 13a | Die S sehen sich zuerst die Bilder an und lesen die Satzteile. Sie verbinden dann die Bilder mit den passenden Satzteilen.
 In der Klasse wird der passende Satz zu jedem Bild vorgelesen. Fakultativ können die S oder der L die korrekten Sätze an die Tafel schreiben, um im nächsten Schritt in 13b für alle sichtbar die Superlative zu unterstreichen. | EA
 PL | |
| | 13b | In Partnerarbeit unterstreichen die S den Superlativ in 13a. Fakultativ bittet der L einen S, die Superlative in den Sätzen an der Tafel zu unterstreichen. Dann ergänzen die S nur den linken Teil der Tabelle. In der Zwischenzeit schreibt der L die Positiv- und Komparativformen an die Tafel. Ein S ergänzt dann an der Tafel die Superlativformen. Zum Schluss wird im Plenum die Regel (rechter Teil der Tabelle) formuliert und von den S im AB ergänzt.

 → AB, S. 45–46 Ü 14–15 | PA
 PL | |

| S. 33 | 11
 DIN-A4-
 Blätter | Der L erklärt den Ablauf des Spiels (s. Spielanleitungen LHB S. 45). Die S bilden 4er-Gruppen. Dann schreiben sie „Super-Sätze".
 fakultativ: Die Gruppenmitglieder bestimmen am Ende des Spiels, welcher ihrer Sätze am lustigsten war. Zum Schluss liest dann der Sprecher jeder Gruppe den lustigsten Satz seiner Gruppe im Plenum vor. | GA
 PL | |

WIEDERHOLUNG				
S. 42	**1**	Jeder S zeichnet ein Schild und zeigt es dann der Klasse. Seine Mitschüler raten, was man machen bzw. nicht machen darf.	PL	
	2a	Die S arbeiten zu zweit. Ein S beginnt und zeigt auf ein Bild, der andere schreibt einen passenden Satz dazu. Dann wechseln die beiden. Der L geht herum und liest die Sätze.	PA	
	2b	Die S beschreiben ihrem Partner, wie im Beispieldialog vorgegeben, einen kurzen Weg von ihrer Schule zu einem Ort in der Nähe. Der Partner muss den Ort erraten. Dann werden die Rollen getauscht. Der L geht herum und hört zu. Die S können sich auch zuerst Notizen in ihr Heft für die Wegbeschreibung machen. Voraussetzung ist, die Umgebung der Schule gut zu kennen. Zur Hilfe könnte der L eine Karte der Schulumgebung mitbringen.	PA	
	Kopiervorlage	*fakultativ: Der L verteilt die Kopiervorlage zu Lektion 23 und erklärt kurz die Aufgabe. Er geht zur Vorentlastung auch auf die Textsortenmerkmale (Anrede/Gruß) ein.* *Möglicher Tafelanschrieb:* *Hallo Lisa,* *wie geht es dir? Mir geht es gut. Ich bin schon wieder aus Köln zurück.* *(…)* *Schreib mir bald.* *Viele liebe Grüße* *dein/deine …* *Der L kann die S bitten, ihm die E-Mail zu Hause abzuschreiben und ihm zu schicken.*	PL EA	

Seite	Aufgabe Material Verweis	Ablauf	Form	Zeit
S. 34	1	Die S schauen das Bild an und lesen still die Sprechblase und die Notizen auf der rechten Seite. Die S beschreiben kurz auf Deutsch, was sie sehen und antworten dann auf die Frage aus 1. Der L erklärt, wenn nötig, die neuen Wörter in der Klasse.	EA PL	
	2a	Die S lesen die Sätze für sich, vermuten, was auf welche Person zutreffen könnte, und ordnen die Satzhälften entsprechend zu.	EA	
	2b ⏺ 17	Jetzt hören die S die Hörszene und vergleichen mit ihren Vermutungen aus 2a. In der Klasse werden die Ergebnisse besprochen.	EA PL	
	2c ⏺ 17	Die S lesen zuerst still die Aussagen 1–10. Dann hören sie das Gespräch ein zweites Mal und notieren, wer welche Aussage macht. In der Klasse werden die Ergebnisse verglichen, indem drei S die Sprechrollen von Fabio, Anna und Tim übernehmen und in ihren Rollen die Sätze der Reihe nach vorlesen. Der L erklärt, wenn nötig, die neuen Wörter. → AB, S. 49 Ü 1	EA PL	
	3a Notizzettel	Die S schreiben zu zweit eine ähnliche Hausaufgabenliste (für mindestens fünf Fächer) wie in 1.	PA	
	3b	Die Partnergruppen in der Klasse tauschen jetzt ihre Hausaufgabenlisten und spielen mit ihrem Partner Dialoge zu jedem Fach auf der Liste wie im Beispiel vorgegeben. Sie tauschen dabei auch die Rollen. Der L weist auf den Grammatikkasten mit dem Modalverb *sollen* hin, geht herum, hört zu und korrigiert, wo nötig. → AB, S. 49–50 Ü 2–5	PA	

⟶ **AB, GRAMMATIK**

Seite	Aufgabe Material Verweis	Ablauf	Form	Zeit
AB S. 49	2a	Die S lesen zuerst für sich den vorgegebenen Dialog und die Aussagen der Lehrerin. Dann formen sie zu zweit die Sätze wie im Beispiel um. Der L kontrolliert kurz in der Klasse.	PA PL	
	2b	Die S unterstreichen alle Formen des Modalverbs *sollen* in 2a und ergänzen entsprechend die Tabelle. Der L kontrolliert kurz die Konjugation in der Klasse, indem er die Konjugationstabelle an die Tafel schreiben lässt. Zum Schluss liest ein S den Tipp laut vor.	EA PL	

Seite	Aufgabe Material Verweis	Ablauf	Form	Zeit
S. 35	4a Folie	Die S schauen zunächst das Bild an und ordnen die Begriffe den Gegenständen auf dem Bild zu. Die Lösungen werden im Plenum besprochen. *alternativ: Das Bild wird an die Tafel projiziert und die Aufgabe gemeinsam in der Klasse gelöst. Die S übertragen die Lösungen in ihr Heft.*	PA PL PL	
	4b	Die S schauen die Bilder an, lesen still die Sprechblasen und stellen Vermutungen darüber an, was Tim auf dem letzten Bild sagt. Die S bilden, wenn möglich, 3er-Gruppen und entwerfen zu dritt einen Text für Tims Sprechblase. Danach liest jede Gruppe ihren Dialog in den Rollen von Fabio, Anna und Tim in der Klasse vor. Die neuen Wörter werden aus dem Kontext erschlossen.	EA GA PL	
	4c	Der L verweist auf den Grammatikkasten und erklärt auch anhand der Zeichnungen den Unterschied zwischen *stellen* und *legen*. Anschließend lesen die S die Sätze und ergänzen das Subjekt. Die vollständigen Sätze werden in der Klasse vorgelesen.	PL EA	

| S. 36 | 5 | Der L bittet zwei S den Beispieldialog mit verteilten Rollen vorzulesen. Dann bittet der L das Paar ein weiteres Dialogbeispiel nach dem Dialogschema vorzuspielen. Er weist auf den Grammatikkasten hin, der noch einmal die bereits bekannten Präpositionen *in* und *auf* mit Akkusativ wiederholt. Die S arbeiten jetzt zu zweit und spielen kleine Dialoge in der Küche, indem sie die vorgegebenen Wörter und das Dialogschema benutzen. Der L geht herum, hört zu und achtet besonders auf die richtige Anwendung der Präpositionen *in* und *auf*. Hinweis für den L: Zur besseren Vorbereitung kann der Dialog zunächst in Partnerarbeit ins Heft geschrieben und dann vorgelesen oder vorgespielt werden. → AB, S. 50–52 Ü 6–11 | PL PA | |

→ **AB, GRAMMATIK**

AB S. 51	7a	Die S schauen sich zuerst die Bilder an und ordnen ihnen dann die Dialoge zu. Die Lösungen werden in der Klasse besprochen.	EA PL	
	7b	Jetzt unterstreichen die S in 7a die Präpositionen *in, an* und *auf* und den dazugehörigen Artikel wie im Beispiel. Dann ergänzen sie die Regel. Zur Kontrolle wird die vollständige Regel in der Klasse vorgelesen.	EA PL	
	9a	Die S lesen zuerst die Sätze für sich und unterstreichen die Wörter wie im Beispiel.	EA	
	9b	Die S ergänzen zu zweit die Tabelle. Der L zeichnet in der Zwischenzeit die Tabelle mit den entsprechenden Lücken an die Tafel. Zum Schluss nennen die S dem L ihre Ergebnisse und der L ergänzt die Tabelle.	PA PL	

S. 36 AB S. 89/92	6	Die S lesen zuerst die Arbeitsanweisung auf ihrem Partnerblatt und zeichnen dann die vier Gegenstände in das Zimmer. Im Anschluss fragt Partner A, wohin Partner B seine Gegenstände positioniert hat. Partner B antwortet entsprechend und Partner A zeichnet auch diese Gegenstände in sein Zimmer. Dann wechseln sie die Rollen. Die Partner verwenden für ihren Dialog die vorgegebenen Redemittel. Der L geht herum und hört mit. Zum Schluss vergleichen die Partner ihre Bilder und kontrollieren somit, ob jeder Partner die Anweisungen richtig verstanden hat.	PA	
	7 ((•)) 8	Die S schauen sich zuerst die Bilder an. Dann hören sie die Hörszene und beantworten die Fragen. Mithilfe der Redemittel werden die Antworten in der Klasse besprochen.	EA PL	
	8a	Die S schauen sich die vier Bilder an und lesen den Text auf S. 37 für sich. Dann entscheiden sie, welches Bild zum Text passt. Die Lösung wird im Plenum besprochen. Hinweis für den L: Zum besseren Verständnis können im Text Schlüsselwörter genannt werden, die zum Bild (C) passen. Mögliche Schlüsselwörter sind: *Computer, zu Hause, allein* und *Internetschüler*.	EA PL	

| S. 37 | 8b | Die S lesen still die fünf Sätze. Danach lesen sie den Text aus 8a noch einmal und erstellen die richtige Reihenfolge der Sätze. Der L kontrolliert die Ergebnisse in der Klasse. | EA PL | |
| | 9a | Die S suchen zu zweit im Text aus 8a nach Informationen zu der Frage *Wie ist eine Internetschule?* und schreiben Sätze wie im Beispiel in ihr Heft. Der L bittet ein Schülerpaar die Informationen exemplarisch in der Klasse vorzulesen. Die Mitschüler hören zu und ergänzen ggf. im Plenum die Informationen. Der L schreibt die Informationen auch an die Tafel. Die S ergänzen ggf. ihre Informationen im Heft. | PA PL EA | |

| S. 37 | 9b | Nun bewerten die Partner die Informationen in ihrem Heft, indem sie zu jeder Aussage das entsprechende Smiley malen. | PA | |
| | 9c | Der L erklärt die Aufgabe und bittet einen S den Beispielsatz vorzulesen. Der L schreibt den Beispielsatz an die Tafel, markiert das Verb im denn-Satz und erläutert unter Verweis auf den Grammatikkasten die Stellung der Konjunktion *denn* sowie des Verbs und erklärt die Bedeutung des Satzes *Ich bin dagegen, denn ich <u>lerne</u> nicht gern allein.* Dann gibt er für die Diskussion folgende Redemittel an der Tafel vor: ☺ *Ich bin dafür, denn …* ☹ *Ich bin dagegen, denn …* *Ich finde sie gut, denn …* *Ich finde sie nicht gut, denn …* Anschließend notiert jeder S seine Meinung zum Thema Internetschule mit Begründung im Heft. Zum Schluss diskutieren die S über das Thema in der Klasse und bringen ihre Meinungen ein. → AB, S. 52–54 Ü 12–17 | PL EA PL | |

→ **AB, GRAMMATIK**

| AB S. 53 | 13 | Die S lesen zuerst die Sätze für sich und schreiben dann den Satz 2 in das Schema. Der L schreibt den Satz auch an die Tafel und bittet einen S, die entsprechenden Positionen zu markieren. Die anderen S vergleichen. Anschließend ergänzen die S die Regel, die zur Kontrolle in der Klasse vorgelesen wird. | EA PL | |

WIEDERHOLUNG				
S. 42	1	Die S geben ihrem Partner abwechselnd drei bis vier verrückte Anweisungen und der Partner reagiert wie im Beispieldialog vorgegeben. Der L geht herum und hört zu. Der L bittet danach ein Schülerpaar exemplarisch ein bis zwei Dialoge in der Klasse vorzuspielen.	PA PL	
	2	Der L spielt mit einem S einen Dialog in der Klasse vor, um den Ablauf zu klären. Der L übernimmt dabei die Rolle des ersten Sprechers. Wenn nötig, wiederholt der L kurz die Verwendung von *doch* als Antwort. Jeder S notiert sich nun drei Sätze mit *sollen* ins Heft, von denen einer falsch ist. Der Partner soll dann raten, welcher Satz das ist. Dabei soll das Dialogschema im KB zur Anwendung kommen. Der L geht herum und hört zu.	PL EA PA	
	Kopiervorlage	*fakultativ: Jeder S erhält eine Kopie und löst den ersten Teil der Leseaufgabe für sich. Nach dem ersten Lesen werden ggf. Vokabeln im Plenum geklärt. Die S ergänzen dann die Tabelle mit den fehlenden Informationen aus dem Text. Anschließend zeichnen die S eine Skizze zum Schulsystem ihres Landes in ihr Heft.*	EA PL	

Modul Fabio, Landeskunde + Projekt

LANDESKUNDE				
S. 38	1a	Die S lesen die Sätze und vermuten zunächst für sich, welche der vorgegebenen Antwortmöglichkeiten die richtige sein könnte. Im Plenum wird besprochen, was die S glauben. Der L kann an der Tafel die Vermutungen der S in Form eines Stimmenbarometers festhalten, indem er zu 1 fragt *Wer glaubt, dass 22% richtig ist?* usw. Für jede S-Meldung gibt es eine Stimme / einen Punkt.	PA PL	
	1b	Die S lesen nun den Anfang des Artikels und überprüfen ihre Vermutungen aus 1a. Der L markiert die richtigen Antworten im Stimmenbarometer auf Zuruf der S an der Tafel. Waren die Vermutungen der Klasse richtig?	EA PL	
	2	Die S lesen nun den Artikel weiter und ordnen zu zweit die Bilder den unterschiedlichen Projekten, die in den Texten beschrieben werden, zu. Im Plenum wird kurz die Zuordnung kontrolliert.	EA PA PL	
	3	Die S lesen die Texte ein zweites Mal und erläutern in der Klasse, was Emil, Janine, Alex und Linda machen. Der L kann die Namen der Schüler der drei Projekte an die Tafel schreiben. Er teilt die Klasse in drei Gruppen und bittet je eine Gruppe, die Informationen zu einem Projekt an der Tafel zu ergänzen. Die S beraten sich zunächst in ihren Gruppen und wählen dann ein Gruppenmitglied für den Tafelanschrieb und die mündliche Präsentation der Person(en). *ist Tutor* (Emil) (Janine und Alex) (Linda) *hilft bei den Hausaufgaben*	EA PL	
	4	Der L notiert auf Zuruf der S weitere soziale Projekte an der Tafel. Die S verwenden dabei, wenn nötig, ihre Muttersprache und der L übersetzt. Die S sprechen nun in Gruppen darüber, bei welchen sozialen Projekten sie schon mitgemacht haben und warum bzw. warum nicht. Der L fragt anschließend stichprobenartig einige S, die entsprechend ihren Erfahrungen im Plenum antworten.	GA PL	

PROJEKT				
S. 39	1	Als Hausaufgabe sammeln die S Fotos ihrer Stars und bringen sie in die Klasse mit.	EA	
	2 Fotos	Die S bilden 3er- oder 4er-Gruppen, zeigen sich zunächst in der Gruppe ihre mitgebrachten Fotos und stellen ihre Stars vor. Dann bilden sie in der Gruppe Superlativ-Sätze zu ihren Stars: *Was können eure Stars am besten?*	GA PL	
	3 DIN-A3-Blät-ter/Schere/Klebstoff/Farbstifte	Jede Gruppe gestaltet eine Collage mit den Fotos aus 2 auf einem DIN-A3-Kartonblatt. Sie schreiben zu jedem Star einen „Super-Satz" aus 2 auf die Collage. Der L geht herum und leistet Hilfestellung. Zum Schluss präsentieren ein bis zwei Sprecher aus jeder Gruppe die jeweilige Collage und lesen dabei die Sätze vor. Die S stimmen darüber ab, welche Collage ihnen am besten gefällt.	GA PL	

Seite	Aufgabe Material Verweis	Ablauf	Form	Zeit
S. 43	1 ◉)) 19	Die S hören das Lied einmal bei geschlossenen Büchern. Nach dem ersten Hören fragt der L, welche „Medienwörter" sie gehört haben. Die S antworten. Im Plenum wird die Bedeutung, wenn nötig in der Muttersprache, genannt. *fakultativ: Der L schreibt die Wörter an die Tafel.*	EA PL	
	2 ◉)) 19	Die S schlagen ihr KB auf. Sie hören das Lied noch einmal, lesen gleichzeitig mit und vergleichen mit ihren Angaben in 1. Die S sagen dann im Plenum, was sie nun über Luisa wissen. Sie können dabei die vorgegebenen Redemittel verwenden. *fakultativ: Alle Antworten werden an der Tafel stichwortartig notiert. Ein S fasst dann mithilfe der Stichworte die Informationen über Luisa zusammen.*	EA PL	
	3	Die S stellen Vermutungen über die Tätigkeiten von Luisa in der Medien-AG an. Das Gespräch findet in der Muttersprache statt. Dabei wird auch kurz die Bedeutung von *Medien-AG* erläutert (s. auch KB S. 44 Luisas Tipp).	PL	

Seite	Aufgabe Material Verweis	Ablauf	Form	Zeit
S. 44	1a	Die S schauen sich zunächst die Fotos auf der Homepage der Medien-AG an. In der Klasse sagen sie anschließend in ihrer Muttersprache, welches Bild ihnen am besten gefällt und warum.	PL	
	1b	Die S lesen die Informationen auf der Homepage und die Fragen für sich. Die neuen Wörter werden im Plenum vom L erklärt. Die S finden zu zweit die Antworten im Text und notieren diese stichwortartig in ihr Heft. Zur Kontrolle werden die Antworten in der Klasse besprochen. Während der Besprechung korrigieren bzw. ergänzen die S ihre Notizen. Der L gibt den S den Auftrag, in Einzelarbeit einen zusammenhängenden Text über die Medien-AG zu schreiben. Er verweist auch auf den vorgegebenen Textanfang und den Grammatikkasten. Als Basisinformation dienen die Antworten auf die Fragen, doch können auch weitere Informationen im Text aufgenommen werden. *fakultativ: Im Plenum kann in Anknüpfung an Luisas Tipp darüber gesprochen werden, ob es AGs an ihrer Schule gibt bzw. welche AG-Wünsche die S in Bezug auf ihre Schule haben.* → AB, S. 60–61 Ü 1–5	EA PL PA PL EA	

⊙ **AB, GRAMMATIK**

Seite	Aufgabe Material Verweis	Ablauf	Form	Zeit
AB S. 60	2a	Die S lesen still alle Sätze. Sie ordnen dann jedem Satz links den passenden Satz rechts zu. Zur Kontrolle werden die Satzpaare in der Klasse vorgelesen.	EA PL	
	2b	Die S unterstreichen in den Sätzen in 2a die Personen sowie den Possessivartikel und das Nomen, wie im Beispiel vorgegeben. Mithilfe der in 2a unterstrichenen Satzteile ergänzen sie zu zweit die Tabelle. Der L zeichnet inzwischen die Tabelle aus dem AB an die Tafel. Die S rufen ihm dann die Possessivartikel zu und der L ergänzt die Tabelle. Die S vergleichen mit ihrer Tabelle im AB und korrigieren ggf. Im Plenum weist der L auf die Ähnlichkeiten der Endungen mit dem bestimmten Artikel hin.	PA PL	
AB S. 61	5	Die S bearbeite zuerst AB S. 61 Ü 3–4. Dann zeichnet der L die Tabelle an die Tafel. Die S rufen ihm die Possessivartikel zu und er schreibt sie in die Tabelle. Die S ergänzen die Tabelle in ihrem AB.	PL EA	

S. 45	**2**	Die S lesen die Aufgabe, schauen sich die Bilder an und lesen still die Aktivitäten. Anhand der Bilder erschließen sie die Bedeutung der neuen Wörter. Der L hilft, wenn nötig. Danach lesen zwei S den Beispieldialog laut vor. Der L fragt anschließend einen anderen S *(Fahrrad fahren? Nein, ich glaube, das muss man nicht können)*. Der S antwortet entsprechend auf die Aussage. Danach bilden die S mit ihrem Partner ähnliche Dialoge zu den Aktivitäten. Sie tauschen dabei auch die Rollen. Der L geht herum und hört zu. → AB, S. 62 Ü 6	EA PL PA	
	3	Die S sagen im Plenum, was sie selbst am Computer oder mit anderen Medien machen. Dabei verwenden sie auch die Aktivitäten im Vokabelkasten und orientieren sich an dem Beispiel in der Sprechblase.	PL	
	4a ⦿)) 20	Zu Anfang erläutert der L anhand des Bildes und der Aufgabenbeschreibung die Situation. Dann lesen die S die Fragen und die Antwortmöglichkeiten für sich. Die Bedeutung des Wortes *jemand* wird aus dem Kontext erschlossen. Anschließend hören die S die Hörszene und lösen dabei die Aufgabe. Die richtigen Antworten werden in der Klasse genannt.	PL EA PL	
	4b ⦿)) 20	Die S lesen still die Sätze. Sie hören dann das Gespräch ein zweites Mal und kreuzen an, ob die Sätze richtig oder falsch sind. In der Klasse werden die Lösungen besprochen. → AB, S. 62 Ü 7–8	EA PL	

S. 46	**5a**	Der L weist auf die drei Beispielfragen hin und erklärt die Aufgabe. Die S arbeiten zu zweit. Sie schreiben drei Fragen mit *jemand* auf ein Blatt Papier. Der L geht herum und hilft, wenn nötig.	PL PA	
	5b	Jedes Schülerpaar stellt der Klasse seine drei Fragen und zählt zu jeder Frage die Ja-Antworten. Sieger ist das Paar, das die meisten Ja-Antworten bekommt. Der L korrigiert, wenn nötig.	PL	
	6a	Die S schauen sich nur die Bilder an und stellen auf Deutsch Vermutungen darüber an, was das Problem ist.	PL	
	6b	Die S lesen nun die Sprechblasen und vergleichen mit ihren Vermutungen. Mithilfe der Piktogramme tragen die S zusammen mit ihrem Partner die fehlenden Präpositionen in die Sprechblasen auf den Bildern B–E ein. Dann lesen sie die Aussagen von Sofies Mutter im Plenum vor. *fakultativ: Der vollständige Dialog von 6a wird mit verteilten Rollen vorgelesen.*	EA PL PA PL	
	6c	Ein S liest die Arbeitsanweisung und den Beispielsatz vor. Der L erklärt den Ausdruck *zum Beispiel* und spricht dann über seine persönlichen Erfahrungen in ähnlichen Situationen. Anschließend fragt er einen S: *Und wie ist es bei dir? Hast du Geschwister? Kennst du Situationen wie in 6a?* So entwickelt sich ein Klassengespräch, wobei die S von ihren persönlichen Erfahrungen mit ihren Geschwistern erzählen. *fakultativ: Um mehr Sprachsicherheit zu erlangen, können sich die S zunächst zu zweit austauschen, bevor sie der L im Plenum fragt.*	PL PA	

S. 47	**7**	Der L erklärt den Ablauf des Spieles („Wo ist …?" s. Spielanleitungen LHB, S. 45). Als Beispiel legt er einen Stift an eine beliebige Stelle im Klassenraum und fragt einen der S, wo dieser Stift ist. Der L weist auch auf den Grammatikkasten hin. Dann spielen die S zu zweit. Die S können sich frei in der Klasse bewegen oder die Übung am Platz machen. Der L geht herum, hört zu und hilft, wenn nötig. → AB, S. 63 Ü 9–11	PL PA	

→ AB, GRAMMATIK

AB S. 63	9a	Zuerst liest ein S die Frage der Aufgabe laut vor. Nach Aufforderung durch den L kreisen die S das *Wo* in der Frage ein. Danach ordnen die S zusammen mit ihrem Partner die Sätze den Bildern zu. Die richtigen Lösungen werden im Plenum kurz besprochen.	PL PA PL	
	9b	Die S unterstreichen dann die Ortsangaben in 9a wie im Beispiel. Die Regel wird von den S ergänzt und in der Klasse zur Kontrolle vorgelesen.	EA PL	

| S. 47 | 8 | Die S schauen sich das Bild an und lesen die Anweisung von Herrn Pohl in der Sprechblase. Dann fragt der L, ob nach Meinung der S die Anweisung des AG-Leiters richtig ist. Die S stellen fest, dass der Satz falsch ist. Die S lesen nun die übrigen falschen Anweisungen.
Der L weist auf den Grammatikkasten hin. Die S korrigieren dann zu zweit die Aussagen wie im Beispiel. Sie schreiben die fünf Imperativsätze in ihr Heft. Der L geht herum und hilft, wenn nötig. Dann werden die Sätze im Plenum kontrolliert, indem die S dem L die richtigen Anweisungen geben und er sie ausführt.

→ AB, S. 64–65 Ü 12–14 | EA PA PL | |

→ AB, GRAMMATIK

AB S. 64	12a	Der L schreibt die Fragen mit *Wohin* und *Wo* an die Tafel. Die S rufen ihm die Antworten zu. Der L oder ein S schreibt die Antworten an die Tafel. Die S ergänzen sie in ihrem AB.	PL EA	
	12b	Im Plenum wird die Regel mithilfe des Tafelanschriebs aus 12a von den S erschlossen und formuliert. Die S ergänzen die Regel im AB.	PL EA	

| S. 47 AB S. 93 | 9 | Der L erklärt den Ablauf des Spiels. Die S schauen sich im AB die Bilder und den Schüttelkasten an und lesen die Beispiele. Jeder S schreibt nun sechs Sätze mit zwei oder drei Wörtern und einer Präposition. Diese Sätze diktiert er dann seinem Partner. Dieser zeichnet die in den Sätzen beschriebenen Situationen in die Kästchen unten ein. Zum Schluss vergleichen die S ihre Sätze und Zeichnungen. | PL PA | |

WIEDERHOLUNG				
S. 60	1	Ein S kommt nach vorn und zeichnet einen Wortigel wie im KB an die Tafel. Die S rufen dann ihrem Mitschüler weitere Medienwörter zu und er ergänzt damit den Wortigel. Die S zeichnen den Wortigel auch in ihr Heft.	PL	
	2a	Der L erklärt den S den Ablauf des Spiels „kalt – warm – heiß" (Spielanleitung s. LHB S. 45). Ein S geht kurz vor die Tür. Die anderen verstecken vier seiner Dinge in der Klasse. Dabei sagen die S auch, was sie tun, wie im Beispiel vorgegeben.	PL	
	2b	Der S kommt zurück und die Klasse spielt „kalt – warm – heiß". Die S sprechen dabei wie im Beispiel vorgegeben. Das ganze Spiel (2a+b) kann nach Belieben wiederholt werden.	PL	
	Kopiervorlage	*fakultativ: Jeder S bekommt eine Kopie und bearbeitet die Aufgabe für sich.* *Lösungen:* **1** *gedreht* **2** *chatte* **3** *macht* **4** *herunterladen* **5** *spielt* **6** *googeln* **7** *geschickt* **8** *speichern* **9** *bearbeitet* **10** *drucken*	EA	

Modul Luisa, Lektion 26

Seite	Aufgabe Material Verweis	Ablauf	Form	Zeit
S. 48	**1a**	Zuerst schauen sich die S die drei Bilder an. Dann sagen sie in der Klasse auf Deutsch, wer die Mädchen sind und was sie machen.	EA PL	
	1b ((•)) 21	Der L erklärt die Aufgabe und die S lesen für sich die drei möglichen Themen. Dann hören sie Sofies Aussage und entscheiden, worum es dabei geht. Im Plenum wird das richtige Thema genannt.	EA PL	
	1c ((•)) 21	Die S lesen zunächst die Aufgaben für sich. Der L erklärt ggf. unbekannte Wörter. Die Bedeutung von *weil* wird von den S erschlossen. Dann hören die S den Hörtext noch einmal und lösen die Aufgaben 1–6. Zur Kontrolle werden die richtigen Sätze in der Klasse vorgelesen.	EA PL EA PL	
	2	Zuerst stellt der L den S die Frage der Aufgabe. Dann liest ein S den ersten Satz in der Sprechblase und auch das Antwortbeispiel vor. Der L schreibt das Antwortbeispiel an die Tafel und markiert die Verbposition im Nebensatz. Er verweist auf den Grammatikkasten, geht aber an dieser Stelle nicht weiter auf die Grammatik ein. Der L weist darauf hin, dass die Antworten mit einem *weil*-Satz formuliert werden sollen. Nun schreiben die S die drei restlichen Sätze in ihr Heft. Im Plenum werden danach die Sätze zur Kontrolle vorgelesen. → AB, S. 68–70 Ü 1–8	PL EA PL	

(→) **AB, GRAMMATIK**

Seite	Aufgabe Material Verweis	Ablauf	Form	Zeit
AB S. 68	**3a**	Die S schauen sich die beiden Bilder an und ordnen ihnen die passenden Nebensätze aus dem Schüttelkasten zu. Zur Kontrolle werden die Lösungen im Plenum vorgelesen.	EA PL	
	3b	Die S lesen Satz 2 aus 3a noch einmal und ergänzen die fehlenden Wörter des weil-Satzes. Ein S schreibt den vollständigen Satz an die Tafel.	EA PL	
	3c	Die S schreiben die Sätze aus 3a in das Schema. Inzwischen markiert der L im *weil*-Satz an der Tafel das Subjekt und das Verb am Satzende. Im Plenum wird die Regel von den S erschlossen und ins AB eingetragen.	EA PL EA	
AB S. 69	**4a**	Die S lesen die *weil*-Sätze für sich, markieren die Verben wie im Beispiel und unterstreichen das konjugierte Verb am Satzende. Zur Kontrolle werden die markierten und unterstrichenen Verbformen in der Klasse vorgelesen. *fakultativ: Der L erklärt die Begriffe Infinitiv und konjugiertes Verb (z. B. „Den Infinitiv findet ihr im Wörterbuch. Konjugierte Verben können allein stehen oder ein konjugierter Verbteil steht zusammen mit einem Infinitiv, z. B. Modalverb + Infinitiv"). Er verweist auf Beispiele aus den Sätzen (Sätze 4 und 1).*	EA PL	
	4b	Die S lesen noch einmal still die Sätze in 4a und ergänzen die Regel. Die vollständige Regel wird dann im Plenum zur Kontrolle vorgelesen. *fakultativ: Der L betont noch einmal, dass immer der konjugierte Verbteil am Ende des Nebensatzes steht. Er verweist in 4a auf die Sätze 1, 3 (mit Modalverb) und 6 (mit Perfekt).*	EA PL	

Seite	Aufgabe Material Verweis	Ablauf	Form	Zeit
S. 48	**3a**	Die S schreiben Sätze über ihre beste Freundin / ihren besten Freund und warum sie ihn oder sie mögen. Ein paar der kurzen Texte werden im Anschluss im Plenum vorgelesen.	EA PL	

S. 49	3b	Die S bilden Paare und interviewen sich gegenseitig. Sie halten sich dabei an das Dialogbeispiel und verwenden die Sätze aus ihren Texten aus 3a. Der S, der die Fragen stellt, notiert sich die Informationen, die der Interviewte über seine Freundin / seinen Freund gibt. Der L geht herum, hört zu und korrigiert, wenn nötig.	PA	
	3c	Jeder S stellt der Klasse die Freundin / den Freund seines Partners vor. → AB, S. 70 Ü 9	PL	
	4a	Die S schauen sich die Bilder an und lesen den Text schnell für sich. Im Plenum wird die Frage der Aufgabe mit einem *weil*-Satz beantwortet, z. B. *Das Thema ist für Sofie und Luisa interessant, weil sie in der Medien-AG sind und weil sie einen Film gemacht haben.* *fakultativ: Der L kann die S motivieren, schnell zu lesen, indem er die Zeit stoppt und die S z. B. nach 20 Sekunden unterbricht.*	EA PL	
	4b	Zunächst lesen die S die Fragen A–D zum Text für sich. Dann lesen die S den Text in 4a noch einmal. In Zusammenarbeit mit ihrem Partner ordnen sie jedem Textabschnitt die passende Frage zu. Zur Kontrolle werden die richtigen Lösungen im Plenum besprochen und mit entsprechenden Textstellen begründet. Wo nötig, werden unbekannte Wörter erklärt. → AB, S. 70 Ü 10	EA PA PL	

S. 50	5a	Die S schreiben die Fragen *Wer? An wen? Warum?* in ihr Heft. Sie lesen dann die E-Mail für sich, finden die Textstellen, die sie zur Beantwortung der Fragen brauchen (Betreff, Anrede, Gruß und Unterschrift) und ergänzen die Notizen in ihr Heft. Dann beantworten sie in der Klasse die Fragen.	EA PL	
	5b	Die S lesen den Text in 5a nochmal still und ergänzen in Zusammenarbeit mit ihrem Partner die Assoziogramme in ihrem Heft. Das Ergebnis wird in der Klasse besprochen. Dabei zeichnet der L die Assoziogramme mit den entsprechenden Ergänzungen an die Tafel. Er erklärt auch den neuen Wortschatz. *fakultativ: Mithilfe der Assoziogramme fassen die S die Informationen über die Medien-AG bzw. das Projekt mündlich zusammen.* → AB, S. 71 Ü 11	PA PL	
	6a	Der L erklärt die Aufgabe und weist auf die vorgegebenen Redemittel, insbesondere Anrede und Grußformel, sowie den Grammatikkasten und Luisas Tipp hin. Die S arbeiten zu zweit. Jedes Paar entscheidet sich für ein Thema und schreibt in ca. 10 Minuten eine E-Mail dazu. *fakultativ: Die S schreiben die E-Mail auf einen Zettel. Der L sammelt die Zettel nach 6b zur Korrektur ein.*	PL PA	
	6b	Nachdem die S die E-Mail geschrieben haben, wird eine E-Mail zu jedem Thema laut vorgelesen. → AB, S. 71–72 Ü 12–15	PL	

(→) AB, GRAMMATIK

| AB
S. 71 | 12a | Die S schauen sich die Bilder an und ergänzen mit deren Hilfe die Namen in den Sätzen 1–4. Zur Kontrolle werden die Sätze vorgelesen. | EA
PL | |
| | 12b | Die S unterstreichen zu zweit in 12a die Präposition, den Artikel und die Endung wie im Beispiel vorgegeben und ergänzen die Regel. Zur Kontrolle wird die Regel vorgelesen und vom L an die Tafel geschrieben. Der L weist auch auf die Ausnahmen hin. | PA
PL | |

| S. 51 | 7a | Die S schauen sich die Bilder an und lesen Jans Antworten. Dann lesen sie auch Toms Aussagen 1–5. Der L klärt unbekannte Wörter. Zu zweit ordnen sie Toms Aussagen in die Bildgeschichte ein. Zur Kontrolle wird die Bildgeschichte in der Klasse mit verteilten Rollen vorgelesen. | PA PL | |
| | 7b | Die S schauen sich die Bilder an. Sie lesen auch den Dialoganfang, Luisas Tipp und die vorgegebenen Adjektive. Der L erklärt die unbekannten Wörter. Die S bereiten dann zu zweit einen Dialog zu den Bildern vor und üben ihn ein. Der L geht herum und hört zu. Zur Kontrolle sollten ein bis zwei Dialoge in der Klasse vorgespielt werden. *fakultativ: Die S können auch anschließend im Klassenzimmer herumlaufen und einigen S Vorschläge machen. Diese müssen dann spontan reagieren.* → AB, S. 72 Ü 16–17 | EA PA PL | |

WIEDERHOLUNG				
S. 60	1a	Die S lesen zuerst die Fragen für sich. Dann gibt der L den S Zeit, damit sie zu jeder Frage je eine lustige Antwort mit *weil* in ihr Heft schreiben.	EA	
	1b	Der L teilt die Klasse in 4er-Gruppen ein. In der Gruppe fragen und antworten die S einander dann in Form einer Kettenübung (Spielanleitung s. LHB S. 45), bis alle vier Fragen und die entsprechenden Antworten, die die S notiert haben, formuliert wurden. Der L geht herum, hört zu und korrigiert, wenn nötig.	GA KÜ	
	2	Zu Anfang notiert sich jeder S drei „verrückte" Vorschläge für den Sonntag in sein Heft. Dann spielen die S zu zweit einen Dialog. Der Partner findet dabei spontan, also ohne Notizen, eine Ausrede. Dann wechseln sie die Rollen. Der L geht herum und hört zu.	EA PA	
	Kopiervorlage	*fakultativ: Jeder S erhält ein Kärtchen mit einer Frage bzw. einer Antwort. Dabei ist darauf zu achten, dass die Zahl der S gerade ist, sonst spielt der L auch mit. Ein S mit einer Fragekarte liest seine Frage vor. Alle S mit einer Antwortkarte prüfen nun, ob ihr Satz zu der Frage passt. Der S mit dem passenden Satz antwortet, indem er einen weil-Satz formuliert. Der L kontrolliert und verbessert, wenn nötig. Die beiden S mit den zusammengehörenden Karten stellen sich als Paar zusammen. Das Spiel geht so lange weiter, bis sich alle Paare gefunden haben. Hinweis für den L: Bei kleineren Klassen können alle S jeweils eine Frage- und eine Antwortkarte bekommen. So müsste jeder S sowohl eine Frage stellen als auch eine Antwort geben. In diesem Fall würde man so lange spielen, bis alle Fragen beantwortet wurden. Die S würden sich in diesem Falle nicht zu Paaren zusammenstellen. Bei Klassen mit mehr als 20 Schülern kann der L weitere Frage- / Antwortkarten erstellen.*	PL	

Seite	Aufgabe Material Verweis	Ablauf	Form	Zeit
S. 52	**1**	Die S schauen sich das Situationsfoto an, beschreiben zunächst kurz, was sie sehen und stellen auf Deutsch Vermutungen über den Grund für Luisas Freude an. Der L kann dazu Redemittel an die Tafel schreiben, z. B. *Ich glaube, … / Ich denke, … / vielleicht / wahrscheinlich* und auf die Überschrift der Lektion verweisen.	PL	
	2 🔊 22	Die S lesen zuerst die Aussagen 1–4 für sich. Sie erschließen mithilfe des Fotos und des Kontextes die neuen Wörter. Dann hören sie Luisas Nachricht. Während des Hörens kreuzen sie an, ob die Sätze richtig oder falsch sind. Nach dem Hören werden die richtigen Lösungen im Plenum besprochen. Dabei wird auch festgestellt, ob die Vermutungen der S in 1 richtig waren.	EA PL	
	3a	Ein S liest die Arbeitsanweisung und die Ideen in den Sprechblasen vor. In der Klasse werden die neuen Wörter erklärt. Zu zweit sammeln die S dann noch drei weitere Vorschläge, wie Luisa feiern könnte, und schreiben sie in ihr Heft. Der L geht herum und hilft, wo nötig.	PL PA	
	3b 🔊 23	Die S hören den Dialog und lesen gleichzeitig mit. Die neuen Wörter werden in der Klasse erklärt. Dann schreibt der L die Sätze aus dem Grammatikkasten an die Tafel. Er unterstreicht im zweiten Satz den Anfang der Aussage und markiert auch das Verb am Ende des *dass*-Satzes: *Ich schlage vor, dass wir Pizza bestellen.* Die S formulieren nun die zwei restlichen, vorgegebenen Ideen aus 3a nach dem Schema: *Ich schlage vor, dass, …* Zur Kontrolle werden diese Sätze auch an der Tafel festgehalten. Mithilfe ihrer Ideen aus 3a spielen die S nun zu zweit andere Dialoge wie im Beispiel vorgegeben. Der L geht herum, hört zu und hilft, wo nötig. Hinweis für den L: Bei leistungsschwachen Klassen kann der L die S zunächst bitten, ihre Ideen vor dem Sprechen als dass-Sätze in ihr Heft zu schreiben. *fakultativ: Die S könnten auch auf den Vorschlag ihres Partners reagieren, indem sie ihn annehmen oder ablehnen. Sie benutzen dazu schon bekannte Redemittel, z. B. Ja, gut. / Nein, ich bin nicht einverstanden.* → AB, S. 76–78 Ü 1–5	EA PL PA	

⊕ **AB, GRAMMATIK**

Seite	Aufgabe Material Verweis	Ablauf	Form	Zeit
AB S. 76	**1a**	Die S schauen sich die Bilder an und ordnen ihnen dann die Sätze 1–5 zu. Die Ergebnisse werden in der Klasse besprochen.	EA PL	
	1b	Ein S liest Satz 1 aus 1a vor und der L schreibt ihn an die Tafel. Er verweist auf die Verbposition am Ende des *dass*-Satzes und kreist es ein.	PL	
	1c Satzkarten/ Magnete	Der L weist die S auf Luisas Tipp hin. Wie in 1b vorgegeben, tragen die S dann die *dass*-Sätze aus 1a in das Schema ein. Zur Kontrolle werden die Sätze vorgelesen. Dann wird die Regel von den S in der Klasse formuliert und im AB ergänzt. Hinweis für den L: Der L kann Satzkarten in den Farben wie im AB für die vier dass-Sätze vorbereiten. Zur Kontrolle von 1c werden diese an der Tafel von einem S geordnet. Die anderen S vergleichen im AB.	PL EA PL	

Seite	Aufgabe Material Verweis	Ablauf	Form	Zeit
S. 52	**4**	Die S schauen sich die Arbeitsanweisung, die Bilder und die zugehörigen Begriffe an. Neue Wörter erschließen sie mit Hilfe der Bilder. Dann formulieren die S im Plenum in Form einer Kettenübung Sätze wie im vorgegebenen Beispiel: *Ich glaube, dass … Sie benutzen die vorgegebenen Vokabeln, sollen aber auch eigene Ideen einbringen.*	EA PL KÜ	

S. 53	5a	Die S sehen sich die Aufgabe und die drei Möglichkeiten a–c an. Danach lesen sie die Anzeige still. Im Plenum sagen die S dann, welche der drei Antwortmöglichkeiten die Richtige ist. Der L lässt die S anschließend vermuten, wofür die Abkürzung JUHA (JUgendHAus) steht.	EA PL	
	5b	Die S lesen für sich die Wünsche der Jugendlichen und notieren die Schlüsselwörter der Sätze 1–5 in ihr Heft. Danach lesen sie die Anzeige in 5a noch einmal und lösen die Aufgabe. Die richtigen Lösungen werden dann im Plenum besprochen. Dabei wird auch der neue Wortschatz erklärt.	EA PL	
	6	In der Klasse sprechen die S auf Deutsch über ihre persönlichen Erfahrungen. Um den Einstieg zu erleichtern, berichtet der L zu Anfang selbst über seine Erfahrungen.	PL	
	7a	Die S lesen zuerst den Fragebogen für sich. Der neue Wortschatz wird im Plenum erklärt. Dann überlegen die S, wie wichtig ihnen persönlich die jeweiligen Antworten zu jeder Frage sind (Wichtigkeit von 1 bis 4). Die S können den Fragebogen in ihr Heft übertragen und ein persönliches Ranking der Antworten erstellen, z. B. *Wie muss das Hotel sein? 1 sauber 2 billig 3 ruhig 4 modern.*	EA	
	7b	Jeder S berichtet in der Klasse mithilfe der Nummerierung in 7a darüber, was für ihn persönlich am wichtigsten bzw. nicht so wichtig in einem Hotel ist. Dabei verwenden die S die vorgegebenen Redemittel. → AB, S. 78–79 Ü 6–11	PL	

S. 54	8a �))) 24	Die S lesen die Vorgaben. Das Wort *leiten* wird in der Klasse erklärt. Die S hören dann die Hörszene einmal. Nach dem Hören ordnen die S zu zweit die passenden Satzteile einander zu und schreiben Sätze in ihr Heft. Im Plenum werden die Sätze zur Kontrolle vorgelesen.	EA PA PL	
	8b �))) 24	Die S lesen zuerst still die Aussagen 1–7. Dann hören sie die Szene ein zweites Mal. Während des Hörens notieren sie, was die Jugendlichen machen sollen. Danach werden die Lösungen zur Kontrolle im Plenum vorgelesen und die unbekannten Wörter erklärt.	EA PL	
	8c �))) 24	In der Klasse wird erklärt, *was morgens/nachmittags/abends* bedeutet. Möglicher Tafelanschrieb: *morgens = jeden Morgen* *nachmittags = jeden Nachmittag* *abends = jeden Abend* Die S hören die Hörszene ein drittes Mal und ergänzen die fehlenden Uhrzeiten in ihr Heft. Zur Kontrolle werden die Uhrzeiten im Plenum genannt und vom Lehrer an die Tafel geschrieben.	PL EA PL	
	9a	Zuerst teilt der L die S in 3er-Gruppen ein und verweist auf den Grammatikkasten. Dann lesen die S die vorgegebenen Verben und Zeitangaben in den Schüttelkästen Jede Gruppe schreibt sechs Regeln mit den vorgegebenen Redemitteln im Imperativ ins Heft.	GA	
	9b Rollenkarten	Die S lesen die Redemittel auf den Rollenkarten. Unbekannte Wörter werden im Plenum erklärt. Die S legen fest, wer in jeder Gruppe welche Rolle übernimmt. Dann spielen die Gruppen ein Rollenspiel mithilfe der Redemittel auf den Rollenkarten und der Regeln aus 9a („Rollenspiel" s. Spielanleitungen LHB S. 45). Der L geht herum und hört zu. *fakultativ: Der L kann für jede Gruppe die drei Rollenkarten vorbereiten und austeilen, so dass jeder S eine Rollenkarte in der Hand hält. Die Rollenkarten können dann innerhalb der Gruppen getauscht werden.* → AB, S. 80 Ü 12–14	PL GA	

→ **AB, GRAMMATIK**

AB S.80	12a	Die S lesen die Sätze in den Sprechblasen und ergänzen die Verben. In der Klasse werden die vollständigen Sätze zur Kontrolle vorgelesen.	EA PL	
	12b	Wie im Beispiel vorgegeben, ergänzen die S den Imperativ der Verben aus 12a. Die Ergebnisse werden zur Kontrolle vorgelesen und der L schreibt die restlichen Imperative an die Tafel.	EA PL	

S.55	10	Zuerst werden die Fragen von den S in der Klasse vorgelesen und die neuen Wörter, wenn nötig, erklärt. Dann schreibt der L alle Fragen an die Tafel und markiert in Frage 1 das Frage- und ein Schlüsselwort. *Wann sind Luisa und ihre Freunde in Salzburg angekommen?* Der L bittet anschließend einen S die Frage- und Schlüsselwörter in den restlichen Fragen an der Tafel zu markieren. Die anderen S unterstützen ihn durch Zurufen. Danach lesen die S den Text für sich und schreiben die Antworten stichwortartig in ihr Heft. Zur Kontrolle werden dann die Fragen im Plenum besprochen. *fakultativ: Der L schreibt die Antworten stichwortartig zu den jeweiligen Fragen an die Tafel.*	PL EA PL	
	11	Der L erklärt die Bedeutung von *zuerst* und *dann* zur Beschreibung eines Ablaufs. Dann fordert er einzelne S auf, mithilfe der Zeitangaben *zuerst* und *dann* über Luisas Tour durch Salzburg zu berichten. Hinweis für den L: bei leistungsschwachen Klassen könne die S zunächst einen Text verfassen, den sie dann vorlesen oder zuerst zu zweit über Luisas Tour sprechen, bevor sie im Plenum berichten. → AB, S.81 Ü 15–16	PL	

	WIEDERHOLUNG			
S.60	1a	Jeder S schreibt auf einen Zettel seinen Namen und drei Sätze zum Thema „Schule" mit dem Verb *sollen*, wie im Beispiel vorgegeben. Er äußert darin seine Meinung.	EA	
	1b	Der L sammelt alle Zettel aus 1a ein und verteilt sie aufs Neue an die S. Jeder S bekommt den Zettel eines anderen Mitschülers. Danach liest jeweils ein S die Sätze auf dem Zettel vor. Er verwendet dabei die vorgegebenen Redemittel in der dritten Person Singular und bildet *dass*-Sätze. Nach dem Vorlesen melden sich diejenigen S, die auch dieser Meinung sind.	PL	
	2	Die Klasse wird in 4er-Gruppen eingeteilt. Jeder S gibt seiner Gruppe einen Auftrag (Imperativ, 2. Person Plural) und die Gruppenmitglieder machen spielen die Tätigkeit pantomimisch vor („Pantomime" s. Spielanleitungen LHB S.45).	GA	
	Kopiervorlage	*fakultativ: Der L erklärt die Aufgabe. Dann gibt er den S Zeit, damit sie sich zu jedem Punkt Notizen machen. Im Anschluss sprechen die S zu zweit und planen den Wochenendausflug. Sie machen Vorschläge, nehmen Vorschläge an oder lehnen sie ab. Sie verwenden die Redemittel, die sie in Lektion 27 gelernt haben. Der L geht herum und hilft, wo nötig.*	EA PA	

Modul Luisa, Landeskunde + Projekt

LANDESKUNDE				
S. 56	1a	Die S sehen sich zunächst die Bilder A–E an und lesen dann still die Texte 1–5 zu Mozarts Leben. Zu zweit ordnen sie diese anschließend den Bildern zu und überprüfen ihre Zuordnung mithilfe von Schlüsselwörtern in den Texten. Im Plenum werden die Ergebnisse zur Kontrolle besprochen.	EA PA PL	
	1b	In Zusammenarbeit mit ihrem Partner machen sich die S Notizen zu Mozart wie im Beispiel vorgegeben. Danach erstellen die S einen Steckbrief zu Mozart mithilfe der Informationen aus den Texten. Dazu kann der L leere Steckbriefe vorbereiten, die die S dann zu zweit ausfüllen. Mögliche Angaben: Geburtstag, Geburtsort, gestorben am, Familie, bekannte Werke, besondere Merkmale usw. Zum Schluss liest ein S die Notizen vor. Die anderen S ergänzen ggf. Informationen.	PA PL	
	2	Die S lesen still die Texte im Gästebuch von Mozarts Geburtshaus und die Sätze 1–4. Sie diskutieren dann zu zweit darüber, welchen Personen die Aussagen 1–4 zuzuordnen sind. Die Sätze werden danach zur Kontrolle im Plenum vorgelesen.	EA PA PL	
	3 Softball	Die S sprechen im Plenum in Form einer Kettenübung (fakultativ mit einem Softball) darüber, ob und welches Instrument sie spielen bzw. ob sie gerne singen.	PL KÜ	

PROJEKT				
S. 57	1	Die S sehen sich zunächst das Plakat in 2 an und klären gemeinsam mit dem L, was eine Bildergeschichte ist. Dann bilden sie 2er- bis 4er-Gruppen, lesen die Fragen in 1 und beantworten diese in der Gruppe. Jede Gruppe denkt sich eine Geschichte aus. Die Gruppendiskussion und Planung kann, wenn nötig, in der Muttersprache stattfinden.	GA	
	2	Die S teilen die Aufgaben auf. Ein Teil der Gruppe macht Bilder (Fotos oder Zeichnungen), der andere Teil schreibt den Text. Zusammen gestalten sie dann ein Plakat mit ihrer Bildergeschichte.	GA	
	3	Die Gruppen hängen ihre Plakate im Klassenzimmer auf. Die S gehen durch die Klasse und lesen und betrachten die Plakate der anderen Gruppen. Jeder S wählt eine Lieblingsgeschichte aus und schreibt den Titel dieser auf einen Zettel. Die Zettel werden anschließend eingesammelt und ausgezählt. Der L kürt ein Gewinner-Plakat.	PL	

Spielanleitungen

Kettenübung (z. B. Lektion 20, Aufgabe 8)

Diese Übungsform trainiert das Gedächtnis und bietet sich besonders gut zum Einüben und Festigen von Wortschatz oder Strukturen an.

Die S sitzen an ihrem Platz oder stehen im Kreis. Die Reihenfolge für die Kettenübung wird vom L festgelegt. Der L oder ein S beginnt, indem er ein Wort oder einen Satz sagt bzw. eine Frage stellt (z. B. *Ohne was kannst du nicht sein?*) Nun ist der Nachbar mit einer Aussage bzw. einer Antwort an der Reihe (z. B. *Ohne mein Smartphone*). Er sagt wiederum das nächste Wort bzw. stellt die nächste Frage an seinen Nachbarn. So geht es weiter bis alle S einmal an der Reihe waren. Alternativ kann die Reihenfolge durch das Zuwerfen eines Softballs bestimmt werden. Dies erhöht besonders die Aufmerksamkeit und Konzentration der S, da sie nicht wissen, wann sie an der Reihe sind. Der L oder ein S beginnt, indem er ein Wort oder einen Satz sagt bzw. eine Frage stellt. Er wirft dann den Ball einem (anderen) S zu, der nun an der Reihe ist und danach den Ball weiterwirft.

Fußball (z. B. Lektion 22, Aufgabe 8)

Der L zeichnet ein Fußballfeld (z. B. wie in AB S. 87/90) an die Tafel. Ein Magnet dient als Ball und liegt zu Beginn des Spiels auf der Mittellinie des Feldes. Die Klasse wird in zwei Gruppen (die Mannschaften) eingeteilt.

Jede Mannschaft bestimmt einen Sprecher. Aufgabe des Sprechers ist es, die jeweilige Antwort zu nennen, nachdem die Mitglieder der Mannschaft untereinander beraten haben. Statt eines Sprechers können die Mitglieder der Mannschaft auch der Reihe nach die Antworten geben. Der Spielleiter (der Schiedsrichter; L oder S) nennt ein Adjektiv aus der Liste im AB. Mannschaft A muss den Komparativ nennen. Möglichkeit 1: Ist die Lösung von Mannschaft A richtig, „schießt" sie den Ball um eine Linie vor zum Tor. Der Ball liegt nun auf der Torlinie und Mannschaft A ist noch einmal an der Reihe. Ist die Antwort erneut richtig, schießt sie ein Tor und es steht 1:0 für Mannschaft A. Der Ball wird zurück auf die Mittellinie gelegt und Mannschaft B ist an der Reihe. Möglichkeit 2: Ist die Antwort von Mannschaft A falsch, bleibt der Ball auf der Linie liegen und Mannschaft B ist an der Reihe.

Jede Mannschaft darf solange antworten, bis sie eine falsche Antwort gibt oder bis sie ein Tor schießt. Von der Mittellinie aus kann eine Mannschaft mit zwei richtigen Antworten ein Tor schießen. Nach einem Tor wird der Ball immer wieder auf die Mittellinie gelegt und die Gegner sind an der Reihe. Der Schiedsrichter kontrolliert die gegebenen Antworten, bewegt den Ball auf dem Spielfeld an der Tafel und notiert den Spielstand.

Super-Sätze (z. B. Lektion 23, Aufgabe 11)

Die S bilden 4er-Gruppen. Jeder der vier Spieler bekommt ein Blatt Papier, das er im Querformat in vier Spalten aufteilt. Fakultativ können die Tabellenköpfe mit *Name, kann, Superlativ, Infinitiv* beschriftet werden. Zuerst schreibt jeder S einen Namen in die Spalte *Name*, dann knickt er das Papier nach hinten, so dass die Spalte *Name* verdeckt ist, und gibt das Blatt an seinen Nachbarn weiter. Nun füllen alle S die *kann*-Spalte aus, knicken diese wieder nach hinten und reichen das Papier weiter. In der nächsten Runde schreiben die S einen Superlativ dazu und am Ende (vierte und letzte Runde) einen Infinitiv. Jeder Spieler entfaltet nun das Blatt, das er in der Hand hat, und liest den „Super-Satz" in der Gruppe vor.

Wo ist ...? (z. B. Lektion 25, Aufgabe 7)

Die S spielen zu zweit. Ein S beginnt, indem er einen Gegenstand (z. B. einen Stift) an eine bestimmte Stelle legt bzw. stellt (z. B. unter das Buch). Der S fragt seinen Partner, wo der Gegenstand ist. Der Partner antwortet entsprechend *(Der Stift liegt unter dem Buch)*. Ist die Antwort richtig, darf er nun den Gegenstand an eine neue Stelle legen und den Partner fragen, wo er ist.

kalt – warm – heiß (z. B. Wiederholung Lektion 25, Aufgabe 2)

Ein S geht vor die Tür. Ein oder mehrere Gegenstände werden in der Klasse versteckt. Der S kommt zurück. Er stellt der Klasse Fragen, um den Gegenstand zu finden (z. B. *Liegt das Buch in der Tasche?*). Wenn der genannte Ort ziemlich nah am Versteck ist, antworten die S *warm*; wenn der Ort ganz nah am Versteck ist, dann sagen die S *heiß*; wenn der Ort ganz weit weg ist, dann rufen sie *kalt*.

Rollenspiel (z. B. Lektion 27, Aufgabe 9b)

Der L teilt die Klasse in 3er-Gruppen. Jedem S in der Gruppe wird eine Rolle laut Rollenkarte zugeteilt, die er einnimmt: Jugendhaus-Leiter, S1 (Zustimmung), S2 (Ablehnung). Die S sprechen nun in den Gruppen in ihren Rollen. Der Jugendhaus-Leiter beginnt. Er begrüßt die S, stellt sich vor und gibt am Ende eine Anweisung *(Duscht bitte morgens)*, auf die S1 und S2 ihren Rollen gemäß reagieren müssen. Die S benutzen die Redemittel auf den Rollenkarten. Die Rollen können anschließend getauscht werden, so dass jeder S einmal jede Rolle gespielt hat.

Pantomime (z. B. Wiederholung Lektion 27, Aufgabe 2)

Die S bilden 3er- oder 4er-Gruppen. Ein S beginnt und sagt, was die anderen der Gruppe machen sollen *(Spielt Gitarre.)*. Die anderen S stellen diese Tätigkeit pantomimisch dar. Dann ist der nächste S an der Reihe und gibt eine neue Anweisung für die Gruppe.

Pantomime eignet sich auch zum Einüben anderer Wortfelder und ist auch im Plenum und in Partnerarbeit möglich.

Zeichne das Zimmer.

1. Auf dem Sessel liegen vier CDs.

2. An der Wand hängt ein Spiegel.

3. Im Regal stehen drei Bücher.

4. Auf dem Schrank liegt ein T-Shirt.

5. Auf dem Schreibtisch liegt ein Hut.

6. Auf dem Boden liegt ein Teppich.

7. Auf dem Schreibtisch steht eine Lampe.

8. Am Bett steht eine Tasche.

9. Unter dem Sessel liegen zwei Flaschen.

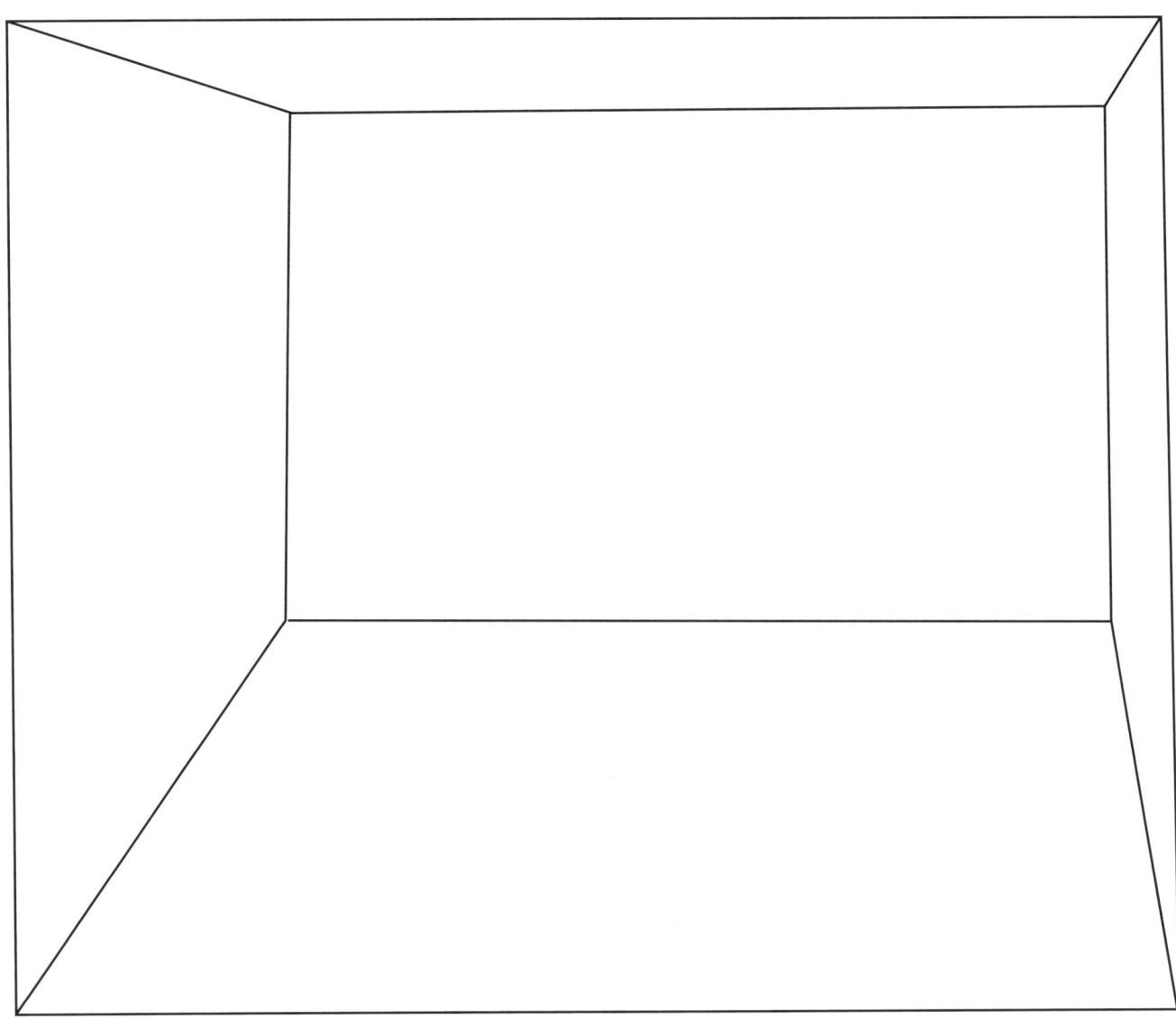

Wie oft …?

Warum …?

Wo …?

Wann …?

Wer …?

sich … fühlen

sich treffen

sich ärgern

sich streiten

sich freuen

A. Ergänze die Dialoge.

am	zu	bei	an	der	zu	bei	am	bei	am	zu

1. ▲ Gehen wir heute ins Kino?

   ■ Ja, klar! Treffen wir uns um 18 Uhr .... Eingang?

   ▲ Nein, lieber .... Kiosk. Dann können wir auch gleich Cola und Popcorn kaufen.

2. ■ Was gibt es denn heute .... euch zu essen?

   ▲ Meine Mutter hat heute Fisch gekocht. Aber eigentlich gibt es dieses Essen nur

   .... Weihnachten .... uns.

3. ▲ Was machst du .... deinem Geburtstag? Feierst du eine Party .... dir?

   ■ Nein, leider nicht. Ich darf nicht. Aber .... Silvester machen meine Eltern eine große
   Party und dann darf ich alle meine Freunde einladen.

4. ■ Entschuldigung, wo kann ich denn hier bezahlen?

   ▲ Natürlich .... Kasse, die ist direkt .... Ausgang.

B. Ergänze die Antworten.

1. ▲ Kannst du Weihnachtskekse backen?

   ■ Nein, ich ....

2. ■ Möchtet ihr in die Kirche gehen?

   ▲ Nein, wir ....

3. ▲ Hat Jan Hunger?

   ■ Nein, er ....

4. ■ Möchtet ihr ein Geschenk?

   ▲ Nein, wir ....

Vergleiche. Schreib immer 2 Sätze.

Beispiel: groß sein

der Elefant   die Maus

a.) *Der Elefant ist größer als die Maus.*

b.) *Die Maus ist nicht so groß wie der Elefant.*

1. schnell fahren

das Auto   das Fahrrad

a. ....

b. ....

2. jung sein

der Junge   der Großvater

a. ....

b. ....

3. kalt sein

im Winter   im Sommer

a. ....

b. ....

4. viel essen

Felix   Mickie

a. ....

b. ....

A. Du hast eine E-Mail von deiner Freundin Lisa bekommen. Lies die E-Mail.

Von: lisa.sommer@yahoo.de
Betreff: Köln

Hallo ...,

wie geht es dir? Mir geht es gut. Du hast in deiner letzten E-Mail
geschrieben, dass du für ein paar Tage nach Köln fliegst. Bist du jetzt
wieder zu Hause? Wie war denn deine Reise? Was hast du denn in Köln
gemacht? Hat dir Köln gefallen oder nicht?

Schreib mir bitte bald!

Deine Lisa

B. Schreib eine E-Mail an Lisa und beantworte die Fragen.

1. Wie und mit wem bist du nach Köln gereist?
2. Was hast du in Köln gesehen? Was hast du da gemacht?
3. Was hat dir in Köln am besten gefallen? Warum?

Hallo Lisa,

_____

_____

_____

_____

_____

_____

_____

_____

1. Lies den Text und markiere die verschiedenen Schultypen.

Das deutsche Schulsystem

In Deutschland können die Kinder ab
3 Jahren einen Kindergarten besuchen.
Dann gehen sie in die Grundschule. Die
Grundschule ist für Kinder von 6 bis 9
5 Jahren und dauert normalerweise 4 Jahre,
von der 1. Klasse bis zur 4. Klasse. Dort
lernen die Schüler lesen und schreiben.
Nach der Grundschule können die Schüler
in die Hauptschule, in die Realschule oder
10 aufs Gymnasium gehen.
In die Hauptschule geht man nur 5 Jahre,
von der 5. Klasse bis zur 9. Klasse. Sie
ist für Schüler, die einen Beruf lernen
und nicht an der Universität studieren
15 wollen. Am Ende bekommt man hier den
Hauptschulabschluss. Man kann aber
auch gute Noten haben und nach der

Hauptschule auf die Realschule gehen.
Die Realschule dauert 6 Jahre, von der
20 5. Klasse bis zur 10. Klasse. Der Abschluss
heißt: „Mittlere Reife". Nach der Realschule
kann man eine Berufsschule besuchen. Die
Berufsschule ist auch für Schüler aus der
Hauptschule. Hier lernt man einen Beruf,
25 z. B. Sekretärin. Aber man kann auch weiter
lernen und doch noch das Abitur machen,
wenn man möchte.
Das Gymnasium besuchen meistens
Schüler mit sehr guten Noten. Es dauert 8
30 oder 9 Jahre, von der 5. Klasse bis zur 12.
oder 13. Klasse. Am Ende macht man das
Abitur. Mit dem Abitur kann man dann eine
Universität zu besuchen. Dort kann man
z. B. Architekt oder Ärztin werden.

2. Lies den Text noch einmal und ergänze die Tabelle.

Abschluss: _____	Abschluss: Mittlere Reife	Abschluss: _____
Gymnasium _____ oder _____ Jahre (von Klasse _____ bis Klasse 12/13)	_____ _____ Jahre (von Klasse 5 bis Klasse 10)	Hauptschule 5 Jahre (von Klasse 5 bis Klasse _____)
Grundschule _____ Jahre (von Klasse _____ bis Klasse _____)		

3. Wie ist das Schulsystem in deinem Land? Zeichne eine Skizze in dein Heft.

Ergänze das passende Verb in der richtigen Form. Benutze jedes Verb einmal.

> bearbeiten ✕ spielen ✕ schicken ✕ drehen ✕ machen ✕ herunterladen ✕
> drucken ✕ speichern ✕ chatten ✕ googeln ✕

1. Marcel ist unser Kameramann. Er hat einen Film für die Medien-AG _____ .

2. Ich will oft mit meinen Freunden sprechen, aber Telefonieren ist teuer.
   Also _____ ich lieber im Internet mit ihnen.

3. Sofie _____ Interviews mit Lehrern aus ihrer Schule.

4. Das Foto gefällt mir sehr. Aber wie kann ich es aus dem Internet _____ ?
   Kannst du mir helfen?

5. Nils hat viele Computerspiele und _____ deshalb viele Stunden am Computer.
   Das ist nicht gut für ihn.

6. ▲ Wann hat Mozart gelebt?
   ■ Ihr könnt es im Internet _____ . Da findet ihr das sehr schnell.

7. Herr Wurstl, unser Biolehrer, hat gestern an alle seine Schüler eine E-Mail _____ .

8. Diese Datei müssen wir _____ . Wir dürfen sie nicht verlieren.

9. Die Farben auf dem Foto waren nicht so gut. Claus hat das Foto aber mit dem neuen
   Computerprogramm _____ . Jetzt sieht es echt gut aus.

10. Maria, ich schicke dir das Poster per E-Mail. Kannst du es bitte auf ein
    DIN A3-Blatt _____ ?

Warum kann Leo nicht Fußball spielen?	Sein Fuß tut weh.
Warum hat die Katze Angst?	Sie hat einen Hund gesehen.
Warum ist Herr Geldmann so glücklich?	Er hat im Lotto 500.000 Euro gewonnen.
Warum esst ihr eure Suppe nicht?	Gemüsesuppe schmeckt uns nicht.
Warum kann Luise nicht ins Kino gehen?	Sie muss für den Mathetest lernen.
Warum sind die Fans von FC-Hintertupfingen so traurig?	Ihre Mannschaft hat 6:0 verloren.
Warum mag Kevin die Sängerin?	Sie sieht toll aus.
Warum darfst du heute lange fernsehen?	Ich habe morgen keine Schule.
Warum möchtest du heute nicht schwimmen?	Das Wasser ist zu kalt.
Warum habt ihr einen Film gedreht?	Wir haben bei einem Medien-Projekt mitgemacht.

Du willst mit deinen Freunden am Wochenende einen Ausflug machen. Mach zuerst Notizen.
Sprich dann mit deiner Partnerin / deinem Partner und organisiert zusammen den Ausflug.

– Wohin fahren?

– Wie fahren?

– Wann/Wo treffen?

– Wie viele Personen?

– Jugendherberge oder Hotel?

– Was muss die Jugendherberge / das Hotel haben?

– Was ist noch wichtig?

Kopiervorlagen: A-/B-Tests

Name: .... Klasse: ....

Punkte: .... /25

1 **Wie heißen die Möbel? Ergänze sie mit Artikel.**

1. Da sind die Milch, der Käse, das Fleisch: ....

2. Da sind deine T-Shirts und Hosen: ....

3. Da sind deine Bücher: ....

4. Da machst du Hausaufgaben: ....

5. Da schläfst du: ....

6. Da liegst du im Wohnzimmer und

   siehst fern: .... /9

2 **Was passt nicht? Streiche durch.**

1. ausmachen: Lampe – Gerät – Wand

2. auspacken: Ordnung – Sachen – Geschenke

3. anziehen: Hemd – Lieblingshose – Teppich .... /3

3 **Ergänze die Possessivartikel im Plural in der richtigen Form.**

Hallo Laura, hallo Simon,
wie geht's? Wie waren denn .... (1) Ferien? Ihr habt jetzt auch
Schule, oder? Habt ihr viele Hausaufgaben? Wie sind .... (2) Lehrer?
Und wie findet ihr .... (3) neuen Englischlehrer? Ist er streng?
Schreibt doch mal eine E-Mail.
Meine neue Schule ist ziemlich groß, aber die Schüler in meiner Klasse sind
ganz nett. Die Lehrer sind auch okay, aber .... (4) Mathelehrerin ist
sehr jung und oft total nervös und stressig und .... (5) Englischlehrer
ist sehr streng.
Bis bald.
Anna

.... /5

4 **Ergänze liegen – stehen – hängen, Präposition und Artikel in der richtigen Form.**

● Und? Ist die Wohnung fertig?

◆ Natürlich nicht! Das totale Chaos: Bücher, Comics und CDs ....

   noch .... (1) Teppich. Der Sessel .... noch

   .... (2) Balkon und alle Stühle .... (3) Flur.

   Nur der Spiegel .... schon .... (4) Wand.

● Ein Spiegel ist ganz wichtig.

◆ Klar! Ich möchte wissen, wie ich aussehe. .... /8

Name: .... Klasse: ....

Punkte: .... /25

1 Ergänze die Possessivartikel im Plural in der richtigen Form.

Hallo Laura, hallo Simon,
wie geht's? Wie waren denn .... (1) Ferien? Ihr habt jetzt auch
Schule, oder? Habt ihr viele Hausaufgaben? Wie sind .... (2) Lehrer?
Und wie findet ihr .... (3) neuen Englischlehrer? Ist er streng?
Schreibt doch mal eine E-Mail.
Meine neue Schule ist ziemlich groß, aber die Schüler in meiner Klasse sind
ganz nett. Die Lehrer sind auch okay, aber .... (4) Mathelehrerin ist
sehr jung und oft total nervös und stressig und .... (5) Englischlehrer
ist sehr streng.
Bis bald.
Anna

/5

2 Wie heißen die Möbel? Ergänze sie mit Artikel.

1. Da sind deine T-Shirts und Hosen: ....

2. Da schläfst du: ....

3. Da sind die Milch, der Käse, das Fleisch: ....

4. Da liegst du im Wohnzimmer und siehst fern: ....

5. Da sind deine Bücher: ....

6. Da machst du Hausaufgaben: .... /9

3 Ergänze *liegen – stehen – hängen*, Präposition und Artikel in der richtigen Form.

● Und? Ist die Wohnung fertig?

◆ Natürlich nicht! Das totale Chaos: Alle Stühle ....

.... (1) Flur und der Sessel .... noch

.... (2) Balkon. Bücher, Comics und CDs ....

noch .... (3) Teppich. Nur der Spiegel .... schon

.... (4) Wand.

● Ein Spiegel ist ganz wichtig.

◆ Klar! Ich möchte wissen, wie ich aussehe. .... /8

4 Was passt nicht? Streiche durch.

1. auspacken: Geschenke – Sachen – Ordnung

2. ausmachen: Gerät – Lampe – Wand

3. anziehen: Hemd – Teppich – Lieblingshose   .... /3

Beste Freunde Lektion 20 Kopiervorlage: Test

Test A

Name: _____ Klasse: _____

Punkte: _____ /25

1 **Was passt? Ergänze die Verben in der richtigen Form.**

| sich ärgern ✕ sich freuen ✕ sich fühlen ✕ sich treffen ✕ sich streiten |

1. ■ Am Samstag haben wir _____ mit Nele _____ .
   ▲ Warum habt ihr nichts erzählt? Ich habe sie so lange nicht mehr gesehen!

2. ■ Ist Sandra traurig?   ▲ Ja, sie hat _____ mit Tim _____ .

3. ■ Was ist denn los? Warum _____ ihr _____ so?
   ▲ Ach! Kim ist so egoistisch: sie ist nie pünktlich; wir müssen immer warten.

4. ● Ich hatte einen Unfall und muss den ganzen Tag im Bett bleiben. Meine Eltern
   arbeiten, meine Freunde sind in der Schule und ich _____
   am Vormittag allein.

5. ■ Warum _____ du _____ denn?
   ▲ Am Freitag kommt meine Cousine aus Wien. Das ist super!   _____ /10

2 **Schreib das Gegenteil.**

▲ Jannik ist einfach <u>toll</u>.	■ Ich finde ihn _furchtbar_
▲ Er ist so <u>freundlich</u>.	■ Er ist immer _____ (1).
▲ Er ist <u>romantisch</u> und <u>sensibel</u>.	■ Er ist _____ (2) und _____ (3).
▲ Und so <u>fleißig</u>!	■ Was? Er ist total _____ (4).
▲ Er ist sehr <u>gut</u> in Mathe.	■ Er ist meistens _____ (5) in Mathe.
▲ Ich bin so <u>glücklich</u>!	■ Du bist jetzt verliebt. Aber bald bist du _____ (6).

_____ /6

3 **Ergänze die Endungen, wo nötig.**

1. Meine Cousine kann ohne ihr_____ Tagebuch nicht leben.
2. Herr Breuer ist Arzt und geht ohne sein_____ Smartphone nicht in die Arbeit.
3. Ohne ihr_____ Hut geht sie nie auf die Straße. Auch im Winter!
4. Ferien ohne mein_____ Familie? Das geht nicht!
5. Ohne mein_____ Freunde gehe ich nicht ins Kino.   _____ /5

4 **Welche Wörter findest du? Ergänze auch den richtigen Artikel.**

| TOP ✕ FEST ✕ |
| GÄNGER ✕ BRILLE ✕ |
| SONNEN ✕ FUß ✕ |
| LAP ✕ STRAßEN ✕ ZONE |

1. _____
2. _____
3. 🌐 _____
4. _____   _____ /4

Fotos: Weltkugel @ fotolia/ag visuell; Schild @Thinkstock/Teka77

Name: _____ Klasse: _____

Punkte: _____ /25

1 **Ergänze die Endungen, wo nötig.**

1. Ferien ohne mein_____ Familie? Das geht nicht!
2. Meine Cousine kann ohne ihr_____ Tagebuch nicht leben.
3. Ohne mein_____ Freunde gehe ich nicht ins Kino.
4. Ohne ihr_____ Hut geht sie nie auf die Straße. Auch im Winter!
5. Herr Breuer ist Arzt und geht ohne sein_____ Smartphone nicht in die Arbeit.   _____ /5

2 **Was passt? Ergänze die Verben in der richtigen Form.**

| sich ärgern ✖ sich freuen ✖ sich fühlen ✖ sich treffen ✖ sich streiten |

1. ■ Ist Sabrina traurig?   ▲ Ja, sie hat _____ mit Tom _____ .

2. ■ Am Samstag haben wir _____ mit Nina _____ .

   ▲ Warum habt ihr nichts erzählt? Ich habe sie so lange nicht mehr gesehen!

3. ■ Warum _____ du _____ denn?

   ▲ Am Freitag kommt meine Cousine aus Wien. Das ist super!

4. ■ Was ist denn los? Warum _____ ihr _____ so?

   ▲ Ach! Karla ist so egoistisch: sie ist nie pünktlich; wir müssen immer warten.

5. ● Ich hatte einen Unfall und muss den ganzen Tag im Bett bleiben. Meine Eltern

   arbeiten, meine Freunde sind in der Schule und ich _____

   am Vormittag allein.   _____ /10

3 **Welche Wörter findest du? Ergänze auch den richtigen Artikel.**

| TOP ✖ FEST ✖ |
| GÄNGER ✖ BRILLE ✖ |
| SONNEN ✖ FUß ✖ |
| LAP ✖ STRAßEN ✖ ZONE |

1. _____
2. _____
3. _____
4. _____   _____ /4

4 **Schreib das Gegenteil.**

▲ Jannik ist einfach <u>toll</u>.	■ Ich finde ihn *furchtbar*
▲ Er ist so <u>freundlich</u>.	■ Er ist immer _____ (1).
▲ Er ist <u>romantisch</u> und <u>sensibel</u>.	■ Er ist _____ (2) und _____ (3).
▲ Und so <u>fleißig</u>!	■ Was? Er ist total _____ (4).
▲ Er ist sehr <u>gut</u> in Mathe.	■ Er ist meistens _____ (5) in Mathe.
▲ Ich bin so <u>glücklich</u>!	■ Du bist jetzt verliebt. Aber bald bist du _____ (6).

_____ /6

Fotos: Weltkugel @ fotolia/ag visuell; Schild @Thinkstock/Teka77

Name: .... Klasse: ....

1 Ergänze *nicht* oder *kein-* in der richtigen Form.

■ Möchtest du eine Bratwurst?

▲ Nein, ich möchte .... (1) Bratwurst; ich habe .... (2) Hunger.

■ Machst du schon wieder Diät?

▲ Ich möchte jetzt .... (3) essen, vielleicht später. Das ist alles.

■ Aber, Sophie! Du bist doch .... (4) dick. Warum kannst du

das .... (5) verstehen?

▲ Mama, du nervst. Das ist doch .... (6) dein Problem. .... /6

2 Ergänze *mir – dir – uns – euch.*

■ Bei .... (1) in München gibt es das Oktoberfest. Gibt es bei .... (2) auch

ein Volksfest?

▲ Ja, bei .... (3) gibt es auch ein Volksfest. Es ist immer im Juni.

● Können wir zu .... (4) gehen?

◆ Gute Idee! Wir können bei .... (5) einen Film schauen. .... /5

3 Ergänze das passende Verb im Partizip Perfekt.

gehen (2x) ✕ schenken ✕ kosten ✕ essen ✕
tragen ✕ trinken ✕ regnen ✕ fahren

Dienstag, 23.09.

Heute bin ich zusammen mit
meiner Familie auf das Oktoberfest

.... (1).

Meine Mutter und ich haben ein
Dirndl .... (2)
und mein Vater eine Lederhose.
Es war Familientag, deshalb
hat alles nicht so viel

.... (3). Wir
sind Riesenrad und Autoskooter

.... (4). Dann

hat es leider .... (5),
aber wir sind ins Zelt

.... (6) und haben

Hähnchen mit Breze

.... (7). Außerdem
hatte ich Pommes mit Ketchup.
Lecker! ☺ Meine Eltern haben ein
Bier .... (8) und
ich ein Spezi. Mein Vater hat
mir auch ein Lebkuchen-Herz

.... (9).

.... /9

Name: .... Klasse: ....

Punkte: ..../20

1 **Ergänze das passende Verb im Partizip Perfekt.**

gehen (2x) ✖ schenken ✖ kosten ✖ essen ✖ tragen ✖ trinken ✖ regnen ✖ fahren

Dienstag, 23.09.
Heute bin ich zusammen mit meiner Familie auf das Oktoberfest .... (1).
Meine Mutter und ich haben ein Dirndl .... (2) und mein Vater eine Lederhose. Es war Familientag, deshalb hat alles nicht so viel .... (3). Wir sind Riesenrad und Autoskooter .... (4). Mein Vater hat mir auch ein Lebkuchen-Herz .... (5). Dann hat es leider .... (6), aber wir sind ins Zelt .... (7). Meine Eltern haben ein Bier .... (8) und ich ein Spezi und wir haben Hähnchen mit Breze .... (9). Außerdem hatte ich Pommes mit Ketchup. Lecker! ☺

........../9

2 **Ergänze *nicht* oder *kein-* in der richtigen Form.**

- ■ Möchtest du eine Bratwurst?
- ▲ Nein, ich möchte .... (1) Bratwurst; ich habe .... (2) Hunger.
- ■ Machst du schon wieder Diät?
- ▲ Ich möchte jetzt .... (3) essen, vielleicht später. Das ist alles.
- ■ Aber, Sophie! Du bist doch .... (4) dick. Warum kannst du das .... (5) verstehen?
- ▲ Mama, du nervst. Das ist doch .... (6) dein Problem.

........../6

3 **Ergänze *mir – dir – uns – euch*.**

- ● Können wir zu .... (1) gehen?
- ◆ Gute Idee! Wir können bei .... (2) einen Film schauen.
- ■ Bei .... (3) in München gibt es das Oktoberfest. Gibt es bei .... (4) auch ein Volksfest?
- ▲ Ja, bei .... (5) gibt es auch ein Volksfest. Es ist immer im Juni.

........../5

Name: _____ Klasse: _____

Punkte: _____ /25

1 **Ergänze die Nationalitäten.**

1. Maria ist aus Italien, sie ist _____ .

2. Christian ist aus Deutschland, er ist _____ .

3. Emma und Olivia kommen aus Amerika, sie sind _____ .

4. Und Boris kommt aus Russland, er ist _____ .

5. Larissa und Gabriel kommen aus Brasilien, sie sind _____ . _____ /5

2 **Vergleiche und ergänze.**

	Dominik	Patrizia	
1.	1,61 m	1,58 m	Dominik ist _____ Patrizia.
2.	52 kg	49 kg	Dominik ist _____ Patrizia.
3.	Gern Fußball spielen? ☺ ☺	☺ ☺ ☺	Fußball spielt Patrizia _____ Dominik.
4.	Viel trainieren? ⊕	⊕ ⊕ ⊕	Patrizia trainiert _____ Dominik.
5.	Fahrrad 269,00 Euro	269,00 Euro	Patrizias Fahrrad ist _____ Dominiks Fahrrad.
6.	Gut kochen? ★ ★ ★	★	Dominik kocht _____ Patrizia.

_____ /9

3 **Ergänze _dürfen_ in der richtigen Form.**

Mara: Robin, ich _____ (1) morgen ins Kino gehen. Und Mama hat gesagt,

du _____ (2) nicht mitkommen.

Mutter: Wie bitte? Natürlich _____ (3) Robin auch mitkommen. Ihr

_____ (4) beide ins Kino gehen.

Robin: Ja!! Wir _____ (5) ins Kino gehen! _____ /5

4 **Was ist richtig? Unterstreiche.**

1. ▲ Mama, darf/muss ich Schokolade essen?   ■ Nein, es gibt in zehn Minuten Abendessen.

2. Das Hotel ist toll, aber man darf/will keine Hunde mitbringen.

3. Michelle ist gern Studentin, aber sie darf/muss viel lernen. _____ /3

5 **Ergänze.**

1. ▲ Ich spreche ganz toll Chinesisch.

● Erzähl doch keinen Q_____! Du sprichst kein Wort Chinesisch.

2. ■ Mein Bruder läuft schneller als ein Gepard.   ▲ So ein U_____!

3. ▲ Ich singe besser als Madonna!   ■ Machst du W_____? _____ /3

Name: _____ Klasse: _____

Punkte: _____ /25

1 Ergänze *dürfen* in der richtigen Form.

Mia: Daniel, ich _____ (1) morgen ins Schwimmbad gehen. Und Mama hat

gesagt, du _____ (2) nicht mitkommen.

Mutter: Wie bitte? Natürlich _____ (3) Daniel auch mitkommen. Ihr _____ (4)

beide ins Schwimmbad gehen.

Daniel: Ja!! Wir _____ (5) ins Schwimmbad gehen! _____ /5

2 Ergänze die Nationalitäten.

1. Maria ist aus Italien, sie ist _____ .

2. Und Boris kommt aus Russland, er ist _____ .

3. Emma und Olivia kommen aus Amerika, sie sind _____ .

4. Christian ist aus Deutschland, er ist _____ .

5. Larissa und Gabriel kommen aus Brasilien, sie sind _____ . _____ /5

3 Was ist richtig? Unterstreiche.

1. Das Hotel ist toll, aber man darf/will keine Hunde mitbringen.

2. ■ Mama, darf/muss ich Schokolade essen? ▲ Nein, es gibt in zehn Minuten Abendessen.

3. Michelle ist gern Studentin, aber sie darf/muss viel lernen. _____ /3

4 Ergänze.

1. ■ Mein Bruder läuft schneller als ein Gepard. ▲ So ein U_____!

2. ▲ Ich spreche ganz toll Chinesisch. ● Erzähl doch keinen Q_____!
   Du sprichst kein Wort Chinesisch.

3. ▲ Ich singe besser als Madonna! ■ Machst du W_____? _____ /3

5 Vergleiche und ergänze.

	Dominik	Patrizia	
1.	1,61 m	1,58 m	Dominik ist _____ Patrizia.
2.	52 kg	49 kg	Dominik ist _____ Patrizia.
3.	Fahrrad 269,00 Euro	269,00 Euro	Patrizias Fahrrad ist _____ Dominiks Fahrrad.
4.	Gut kochen? ★★★	★	Dominik kocht _____ Patrizia.
5.	Gern Fußball spielen? ☺☺	☺☺☺	Fußball spielt Patrizia _____ Dominik.
6.	Viel trainieren? ⊕	⊕⊕⊕	Patrizia trainiert _____ Dominik.

_____ /9

Name: _____ Klasse: _____

Punkte: _____ /25

1 **Was passt? Ergänze.**

| nach rechts ✖ bis zum ✖ in der Nähe ✖ an der ✖ bis zur ✖ |
| bis zu den ✖ nach links ✖ geradeaus ✖ bis zur |

1. ▲ Entschuldigung, wie komme ich zum Kino?
   - ● Sie müssen immer ⬆ _____ gehen _____ Ampel.
     Dann gehen Sie ➡ _____ und dann _____ Tennisplätzen.
     Dort ist auch das Kino.

2. ◆ Entschuldigung, wo ist der Kiosk?
   - ■ Das ist nicht weit, der Kiosk ist _____. Sie gehen ⬅ _____
     und dann _____ Kirche. Dort ist der Kiosk.

3. ● Entschuldigung, wo ist das Kaufhaus?
   - ◆ Sie gehen _____ Supermarkt und dann rechts. Nach 100 Metern
     _____ Ecke ist das Kaufhaus.   _____ /9

2 **Ergänze den Superlativ.**

1. Ja, ich esse gern Fisch, aber _____ _____ esse ich Fleisch.
2. Im Fußball sind auch Nils und Robin gut, aber Felix ist _____ .
3. Ich bin schlecht in der Schule, aber in Mathe bin ich _____ .
4. Kims und Lillis Haare sind lang, aber Sophias Haare sind _____ .
5. In unserem Modellbau-Klub haben alle sehr viele Modelle, aber Stefan hat
   _____ _____ .   _____ /5

3 **Pia und Leon haben Bauchschmerzen. Antworte mit nicht/kein-.**

1. Pia: Darf ich tauchen?
   Mutter: Nein, _____!
2. Pia und Leon: Dürfen wir ein Eis essen?
   Mutter: Nein, _____!
3. Leon: Darf ich mit Paul spielen?
   Mutter: Nein, _____!   _____ /6

4 **Was passt? Unterstreiche.**

1. Justin und Lena sind ein Paar/paar . Deshalb wollen sie an der Brücke ein
   Liebesschloss aufhängen.
2. Beim Training ist Essen verloren/verboten . Das erzählen/erlauben die
   Trainer nicht.
3. ■ Wo seid ihr denn? ▲ Wir sind gleich da. Wir brauchen nur noch ein
   Paar/paar Minuten.
4. Liebesschlösser haben auf keinen Fall/jeden Fall zwei Namen.   _____ /5

Name: _____ Klasse: _____

Punkte: _____ /25

1 **Emma und Paul haben Bauchschmerzen. Antworte mit *nicht* oder *kein-*.**

1. Emma und Paul: Dürfen wir ein Eis essen?

   Mutter: Nein, _____ !

2. Paul: Darf ich mit Leon spielen?

   Mutter: Nein, _____ !

3. Emma: Darf ich tauchen?

   Mutter: Nein, _____ !

_____ /6

2 **Was passt? Ergänze.**

| nach rechts ✶ bis zum ✶ in der Nähe ✶ an der ✶ bis zur ✶ |
| bis zu den ✶ nach links ✶ geradeaus ✶ bis zur |

1. ◆ Entschuldigung, wo ist der Kiosk?

   ■ Das ist nicht weit, der Kiosk ist _____ . Sie gehen ⬅ _____

   und dann _____ Kirche. Dort ist der Kiosk.

2. ● Entschuldigung, wo ist das Kaufhaus?

   ◆ Sie gehen _____ Supermarkt und dann rechts. Nach 100 Metern

   _____ Ecke ist das Kaufhaus.

3. ▲ Entschuldigung, wie komme ich zum Kino?

   ● Sie müssen immer ⬆ _____ gehen _____ Ampel. Dann

   gehen Sie ➡ _____ und dann _____ Tennisplätzen.

   Dort ist auch das Kino. _____ /9

3 **Was passt? Unterstreiche.**

1. Justin und Lena sind ein Paar/paar . Deshalb wollen sie an der Brücke ein

   Liebesschloss aufhängen.

2. Liebesschlösser haben auf keinen Fall/jeden Fall zwei Namen.

3. ■ Wo seid ihr denn? ▲ Wir sind gleich da. Wir brauchen nur noch ein

   Paar/paar Minuten.

4. Beim Training ist Essen verloren/verboten . Das erzählen/erlauben die

   Trainer nicht. _____ /5

4 **Ergänze den Superlativ.**

1. Im Fußball sind auch Nils und Robin gut, aber Felix ist _____ .

2. In unserem Modellbau-Klub haben alle sehr viele Modelle, aber Stefan hat

   _____ .

3. Ja, ich esse gern Fisch, aber _____ esse ich Fleisch.

4. Ich bin schlecht in der Schule, aber in Mathe bin ich _____ .

5. Kims und Lillis Haare sind lang, aber Sophias Haare sind _____ . _____ /5

Beste Freunde Lektion 24 Kopiervorlage: Test

Test A

Name: _____ Klasse: _____

Punkte: _____ /25

1 Ergänze den Artikel in der richtigen Form. Ergänze auch *legen – stellen – hängen*.

1. Kannst du bitte die Messer auf _____ Tisch _____ ?

2. Kannst du bitte die Bücher in _____ Regal _____ ?

3. Kannst du bitte das Poster an _____ Wand _____ ?

4. Kannst du bitte den Kuli neben _____ Computer _____ ? _____ /8

2 Was ist richtig? Unterstreiche.

„Hausaufgaben"

Frau Martens, Mathelehrerin	Ich muss den Unterricht lernen/vorbereiten (1), den Mathetest korrigieren/üben (2) und die Zeugnisse schreiben/erklären (3).
Jan Martens, Schüler	Ich muss die Vokabeln wiederholen/aufhaben (4), die Matheaufgaben machen/bekommen (5) und den Aufsatz schreiben/sammeln (6).

_____ /3

3 Schreib die Sätze richtig.

1. Tim und Robin haben keine Zeit, denn _____
_____. (den Aufsatz – müssen – sie – vorbereiten)

2. Ben verreist oft mit seinen Eltern, deshalb _____
_____. (besuchen – eine Internetschule – er)

3. Du bist Torwart, deshalb _____
_____. (immer – viel trainieren – du – müssen)

4. Ich lerne gern mit Freunden zusammen, denn _____
_____. (machen – das – mehr Spaß) _____ /6

4 Ergänze die Wörter.

RIG ✳ DA ✳ AUS ✳ FEL ✳ LAND ✳ FÜR ✳ LÖF ✳ SCHWIE

1. Das ist _____. Kannst du mir helfen?

2. Die Idee ist fantastisch. Ich bin _____.

3. In den Ferien möchte ich ins _____ fahren.

4. Heute gibt es Suppe, wir brauchen _____. _____ /4

5 Schreibe die Sätze mit *sollen*.

1. Besuch Oma! Du _____.

2. Esst mehr Gemüse! Ihr _____.

3. Erklär Leon die Physik-Aufgabe! Ich _____.

4. Frau Maier, rufen Sie bitte Frau Rösler an! Frau Maier _____. _____ /4

Name: .... Klasse: ....

Punkte: .... /25

1   **Schreib die Sätze richtig.**

1. Ben verreist oft mit seinen Eltern, deshalb ....
.... (besuchen – eine Internetschule – er)

2. Tim und Robin haben keine Zeit, denn ....
.... (den Aufsatz – müssen – sie – vorbereiten)

3. Ich lerne gern mit Freunden zusammen, denn ....
.... (machen – das – mehr Spaß)

4. Du bist Torwart, deshalb ....
.... (immer – viel trainieren – du – müssen) .... /6

2   **Ergänze den Artikel in der richtigen Form. Ergänze auch *legen - stellen - hängen*.**

1. Kannst du bitte das Poster an .... Wand .... ?

2. Kannst du bitte die Messer auf .... Tisch .... ?

3. Kannst du bitte die Bücher in .... Regal .... ?

4. Kannst du bitte den Kuli neben .... Computer .... ? ...... /8

3   **Ergänze die Wörter.**

RIG	✕	DA	✕	AUS	✕	FEL	✕	LAND	✕	FÜR	✕	LÖF	✕	SCHWIE

1. Das ist .... Kannst du mir helfen?

2. Heute gibt es Suppe, wir brauchen ....

3. Die Idee ist fantastisch. Ich bin ....

4. In den Ferien möchte ich ins .... fahren. .... /4

4   **Schreibe die Sätze mit *sollen*.**

1. Erklär Leon die Physik-Aufgabe!   Ich ....

2. Besuch Oma!   Du ....

3. Esst mehr Gemüse!   Ihr ....

4. Frau Maier, rufen Sie bitte Frau Rösler an!   Frau Maier .... /4

5   **Was ist richtig? Unterstreiche.**

„Hausaufgaben"

Jan Martens, Schüler	Ich muss die Vokabeln wiederholen/aufhaben (1), die Matheaufgaben machen/bekommen (2) und den Aufsatz schreiben/sammeln (3).
Frau Martens, Mathelehrerin	Ich muss den Unterricht lernen/vorbereiten (4), den Mathetest korrigieren/üben (5) und die Zeugnisse schreiben/erklären (6).

.... /3

Test A

Name: _____ Klasse: _____

Punkte: _____ /25

1 **Ergänze die Verben.**

1. Ich kann das Programm _____ ⬇️ . und es dann auf deinem

Stick _____ 💾 . Für das Projekt müssen wir nach Texten

_____ 🌐 . Wir dürfen aber nicht einfach die Texte

_____ 📄 und dann _____ 🖨️ . Wir

sollen einen eigenen Text schreiben.

2. Wir haben einen Film gedreht, jetzt müssen wir ihn _____ .

3. Meine Cousine wohnt in Wien, aber wir _____ 💬 oft. _____ /7

2 **Ergänze die Präpositionen und die Artikel.**

1. Das Messer liegt rechts _____ 🔲. Teller und die Gabel legt man

links _____ 🔲. Teller.

2. Stell bitte die Flaschen _____ 🔲 Kühlschrank.

3. _____ 🔲. Tür hängt ein Poster.

4. Stell die Geschenke _____ 🔲 Torte. Ich möchte ein Foto machen.

5. Häng die Lampe bitte _____ 🔲 Tisch. _____ /10

3 **Ergänze den passenden Possessivartikel in der richtigen Form.**

▲ Herr Hofmann, möchten Sie uns _____ (1) Projekt vorstellen?

● Gern, aber das ist nicht _____ (2) Projekt; ich bin nur der Leiter der Medien-AG. Die
Schüler aus der 8a haben einen Film gedreht und _____ (3) Film ist wirklich sehr
interessant. Da haben sie _____ (4) Traumschule vorgestellt.

▲ Wie viele Schüler haben mitgemacht?

● Es waren 15 Teilnehmer. Vor der Kamera stehen 14 Schüler und ein Lehrer, Herr Schmidt.
Er erzählt auch, wie _____ (5) Traumschule aussieht. Viele Leute finden die Arbeit
der Medien-AG super und die Ideen toll. Ach ja: Sie können _____ (6) Film auf der
Webseite der Schule sehen. _____ /6

4 **Ergänze *jemand* oder *niemand*.**

▲ Wir machen ein Foto-Projekt. Möchte _____ (1) mitmachen?

● Nein, _____ (2). _____ /2

Name: _____ Klasse: _____

Punkte: _____ /25

1 **Ergänze den passenden Possessivartikel in der richtigen Form.**

▲ Frau Schöller, möchten Sie uns _____ (1) Projekt vorstellen?

● Gern, aber das ist nicht _____ (2) Projekt; ich bin nur die Leiterin der Medien-AG. Die Schüler aus der 8a haben einen Film gedreht und _____ (3) Film ist wirklich sehr interessant. Da haben sie _____ (4) Traumschule vorgestellt.

▲ Wie viele Schüler haben mitgemacht?

● Es waren 17 Teilnehmer. Vor der Kamera stehen 16 Schüler und ein Lehrer, Herr Müller. Er erzählt auch, wie _____ (5) Traumschule aussieht. Viele Leute finden die Arbeit der Medien-AG super und die Ideen toll. Ach ja: Sie können _____ (6) Film auf der Webseite der Schule sehen.

_____ /6

2 **Ergänze die Verben.**

1. Ich kann das Programm _____ . und es dann auf deinem

Stick _____ . Für das Projekt müssen wir nach Texten

_____ . Wir dürfen aber nicht einfach die Texte

_____ und dann _____ . Wir

sollen einen eigenen Text schreiben.

2. Wir haben einen Film gedreht, jetzt müssen wir ihn _____.

3. Meine Cousine wohnt in Wien, aber wir _____ oft.

_____ /7

3 **Ergänze *jemand* oder *niemand*.**

▲ Wir machen ein Foto-Projekt. Möchte _____ (1) mitmachen?

● Nein, _____ (2).

_____ /2

4 **Ergänze die Präpositionen und die Artikel.**

1. Stell bitte die Flaschen _____ Kühlschrank.

2. Das Messer liegt rechts _____ Teller und die Gabel legt man links

_____ Teller.

3. Häng die Lampe bitte _____ Tisch.

4. _____ Tür hängt ein Poster.

5. Stell die Geschenke _____ Torte. Ich möchte ein Foto machen.

_____ /10

Name: _____ Klasse: _____

Punkte: _____/20

1 **Ordne zu und schreib die Sätze richtig.**

> Er macht beim Film „Beste Freunde" mit. ✖ Es regnet sehr. ✖
> Sie ist immer direkt. ✖ Sie möchten am Wettbewerb teilnehmen.

1. Lena schreibt eine E-Mail im Namen der Medien-AG, weil _____
   _____ .

2. Tom ist sehr nervös, weil _____
   _____ .

3. Heute müssen sie drinnen drehen, denn _____
   _____ .

4. Emma ist meine beste Freundin, weil _____
   _____ . /8

2 **Ergänze die Wörter.**

1. Eine Reise mit der Klasse ist eine

   ◯◯◯◯◯◯◯◯◯◯◯ .

2. In der Pause sind die Schüler nicht in der Klasse; sie sind auf dem

   ◯◯◯◯◯◯◯ .

3. Dieses Geld bekommt man von den Eltern: das

   ◯◯◯◯◯◯◯◯◯◯ .

4. Bei einem Wettbewerb kann man einen ◯◯◯◯◯ gewinnen.

5. Nur die Besten gehen zum ◯◯◯◯◯◯ .

6. Für jede Frage gibt es auch eine ◯◯◯◯◯◯◯ . _____/6

3 **Ergänze *zu* oder *sehr*.**

1. ▲ Also, kommst du mit oder nicht? ● Ich bin _____ müde, aber den Film
   möchte ich unbedingt sehen. Also, gehen wir!

2. ■ Gehen wir wandern? ▲ Nicht heute, es ist _____ heiß.

3. ● Los! Steh auf! ◆ Nein! Es ist noch _____ früh. Ich möchte noch schlafen. _____/3

4 **Ergänze die Ordinalzahlen.**

Mia
1. Klasse

Ben
7a

Sofia Meyer
11b

Mia geht in die _____ (1) Klasse, Ben in die _____ (2) Klasse und Sofia

geht in die _____ (3) Klasse. _____/3

Name: _____ Klasse: _____

Punkte: _____ /20

1 **Ergänze *zu* oder *sehr*.**

1. ● Los! Steh auf!   ◆ Nein! Es ist noch _____ früh. Ich möchte noch schlafen.

2. ▲ Also, kommst du mit oder nicht?   ● Ich bin _____ müde, aber den Film
   möchte ich unbedingt sehen. Also, gehen wir!

3. ■ Gehen wir wandern?   ▲ Nicht heute, es ist _____ heiß.   _____ /3

2 **Ordne zu und schreib die Sätze richtig.**

> Er macht beim Film „Beste Freunde" mit.   ✖   Es regnet sehr.   ✖
> Sie ist immer direkt.   ✖   Sie möchten am Wettbewerb teilnehmen.

1. Michael ist sehr nervös, weil _____

   _____ .

2. Lisa schreibt eine E-Mail im Namen der Medien-AG, weil _____

   _____ .

3. Edit ist meine beste Freundin, weil _____

   _____ .

4. Heute müssen sie drinnen drehen, denn _____

   _____ .   _____ /8

3 **Ergänze die Ordinalzahlen.**

| Sofia Meyer 11b | Ben 7a | Mia 1. Klasse |

Sofia geht in die _____ (1) Klasse, Ben in die _____ (2) Klasse und Mia

geht in die _____ (3) Klasse.   _____ /3

4 **Ergänze die Wörter.**

1. In der Pause sind die Schüler nicht in der Klasse; sie sind auf dem
   ⬭⬭⬭⬭⬭⬭⬭ .

2. Eine Reise mit der Klasse ist eine
   ⬭⬭⬭⬭⬭⬭⬭⬭⬭⬭⬭ .

3. Nur die Besten gehen zum ⬭⬭⬭⬭⬭ .

4. Dieses Geld bekommt man von den Eltern: das
   ⬭⬭⬭⬭⬭⬭⬭⬭⬭ .

5. Für jede Frage gibt es auch eine ⬭⬭⬭⬭⬭⬭ .

6. Bei einem Wettbewerb kann man einen ⬭⬭⬭⬭⬭ gewinnen.   _____ /6

Beste Freunde Lektion 27 Kopiervorlage: Test

Name: .... Klasse: ....

Punkte: ..../20

1 **Ordne zu und ergänze die dass-Sätze.**

> Viele aus der Klasse machen mit. ✖ Wir müssen das feiern. ✖
> Die Medien-AG darf zum Finale fahren. ✖ Wir machen eine Party.

▲ Luisa hat erzählt, dass ....

....

● Echt? Cool!

▲ Meinst du nicht, dass .... ?

● Natürlich. Und was machen wir?

▲ Ich schlage vor, dass ....

● Das ist aber viel Arbeit. Wir müssen vieles organisieren.

▲ Ich weiß. Ich bin aber sicher, dass ....

..../8

2 **Was ist richtig? Unterstreiche.**

1. Es ist heiß. Wir müssen auf keinen Fall/auf jeden Fall Getränke mitnehmen.

2. Schließ bitte die Tür ab/aus !

3. Dann/Zuerst waren wir im Zentrum, dann/zuerst sind wir ins Museum gegangen.

4. Ich bestelle/störe eine Pizza.

5. Herzlich/Offen willkommen in Salzburg! ..../6

3 **Ordne die Satzteile und schreib die Sätze im Imperativ.**

Also, Leute .... (1). (zuhören – bitte)

.... (im Frühstücksraum –

.... (2). nur – essen)

In den Zimmern ist das verboten.

.... (pünktlich – immer –

.... (3). am Eingang – sein – morgens)

Wir möchten immer um 8 Uhr losfahren.

.... (bitte – mitnehmen –

.... (4). euren Schlüssel) ..../6

Name: .... Klasse: ....

Punkte: .... /20

1 **Was ist richtig? Unterstreiche.**

1. Schließ bitte die Tür ab/aus !
2. Es ist heiß. Wir müssen auf keinen Fall/auf jeden Fall Getränke mitnehmen.
3. Dann/Zuerst waren wir im Zentrum, dann/zuerst sind wir ins Museum gegangen.
4. Herzlich/Offen willkommen in Salzburg!
5. Ich bestelle/störe eine Pizza. .... /6

2 **Ordne die Satzteile und schreib die Sätze im Imperativ.**

Also, Leute .... (1). (zuhören – bitte)

.... (pünktlich – immer –

.... (2). am Eingang – sein – morgens)

Wir möchten immer um 8 Uhr losfahren.

.... (im Frühstücksraum –

.... (3). nur – essen)

In den Zimmern ist das verboten.

.... (bitte – mitnehmen –

.... (4). euren Schlüssel) .... /6

3 **Ordne zu und ergänze die dass-Sätze.**

> Viele aus der Klasse machen mit. ✖ Wir müssen das feiern.
> Die Medien-AG darf zum Finale fahren. ✖ Wir machen eine Party.

▲ Luisa hat erzählt, dass ....

....

● Echt? Cool!

▲ Meinst du nicht, dass .... ?

● Natürlich. Und was machen wir?

▲ Ich schlage vor, dass ....

● Das ist aber viel Arbeit. Wir müssen vieles organisieren.

▲ Ich weiß. Ich bin aber sicher, dass ....

.... /8

Transkriptionen Kursbuch

2 **Lektion 10, 2**

Anna: Laura? Hallo?

Laura: Hi, Anna!

Simon: Huhuuu! Kannst du uns sehen?

Anna: Hey, Simon, ja, ich sehe euch. Super!

Laura: Und? Wie ist es in Köln? Gefällt es dir?

Anna: Na ja, eigentlich ist die Stadt ganz schön. Aber ... ihr seid nicht da. Und München ist so weit weg...

Laura: Du fehlst uns auch, Anna!

Anna: Echt?

Simon: Na klar. Was denkst du denn? ... Aber jetzt erzähl doch mal: Was hast du denn schon von Köln gesehen?

Anna: Am Sonntag sind wir ein bisschen in der Stadt spazieren gegangen. Wir haben den Dom angeschaut und sind auch am Rhein gewesen. Köln ist schon schön, ... aber ihr seid eben nicht da!

Laura: Ja, und du bist nicht hier ... Wie ist denn deine neue Schule?

Anna: Hm, geht so. Die Schule ist ziemlich groß.

Laura: Und die anderen Schüler in deiner Klasse? Sind sie nett?

Anna: Ach ja, ... Ich weiß nicht. Sie sind ganz okay. Aber ich habe ja noch nicht so viele kennengelernt. Nur Tim und Fabio…

Laura: Und die sind nett, oder wie?

Anna: Ja, doch, die zwei sind ganz nett. Besonders Fabio. Aber er spricht manchmal ein bisschen komisch.

Laura: Warum spricht Fabio komisch? Wie spricht er denn?

Anna: Na ja, hier in Köln sprechen die Leute irgendwie anders. Fabio hat mich zum Beispiel gestern gefragt: „Magst du Kooche?"

Simon: „Kooche"? Was heißt das denn?

Anna: „Kooche" heißt Kuchen!

Laura: Das ist ja lustig!

Simon: Ja, echt komisch. ... Wie sind denn eure Lehrer?

Anna: Hm, unsere Mathelehrerin ist sehr jung und oft total nervös und stressig. Und unser Englischlehrer ist sehr streng. Wir bekommen immer ganz viele Hausaufgaben.

Laura: Ach du Arme! … Und eure Wohnung? Habt ihr schon alles ausgepackt?

Anna: Mein Zimmer ist okay. Aber unsere Küche ist noch nicht ganz fertig und unser Wohnzimmer ist auch noch ziemlich chaotisch.

Simon: Eure Küche ist noch nicht fertig? Könnt ihr denn da schon kochen?

Anna: Ach ja, das geht schon, man muss nur ein bisschen suchen.

3 **Lektion 19, 4**

Dialog 1

Anna: Fleischerei Niedecken. Oh, hab ich einen Hunger! Grüß Gott, … äh, hallo!

Verkäuferin: Guten Tag. Was darf es denn sein?

Anna: Ich möchte bitte zwei Fleischpflanzerl.

Verkäuferin: Wie bitte? Was möchtest du?

Anna: Na, die Fleischpflanzerl da, bei den Würstchen.

Verkäuferin: Ach so, du meinst die Frikadellen! In Köln heißt das „Frikadelle". Möchtest du sie kalt oder warm?

Anna: Warm bitte.

Verkäuferin: Hier bitte. Das macht 2 Euro 20. … Danke! Und guten Appetit!

Anna: Vielen Dank!

4 **Dialog 2**

Anna: Guten Tag. … Ich möchte bitte ein Weißbrot.

Verkäufer: Gern. Darf es noch etwas sein?

Anna: Ja, vier Semmeln, bitte!

Verkäufer: Semmeln? Ah, du kommst aus Bayern, stimmt's?

Anna: Ja, aus München.

Verkäufer: Da war ich letztes Jahr, zum Oktoberfest. Das war toll! Also bei uns in Köln heißen die Semmeln „Brötchen".

Anna: Okay. Dann möchte ich bitte vier Brötchen.

Verkäufer: Gern. Ein Weißbrot, vier Brötchen, das macht zusammen 3 Euro 40. … Danke! Und schönen Tag noch!

Anna: Danke!

5 **Lektion 20, 6**

Moderator: Köln Radio Eins-null-sieben. Und hier ist wieder, wie jeden Freitag um fünf, Titus Troll mit seinen Tipps für euer Wochenende:

Anna: Hey, pssst! Seid doch mal leise, jetzt kommen die Tipps fürs Wochenende.

Moderator: Am Samstag von 9 bis 14 Uhr ist wieder Altstadt-Flohmarkt in der Fußgängerzone, U-Bahn Neumarkt. Ihr könnt mitmachen und selbst Sachen verkaufen: Bücher, CDs, Spiele, Fahrräder, Sporttaschen, alles, was ihr nicht mehr braucht. Informationen unter Telefon: 955 64 54 44. Oder habt ihr Lust auf Sport? Samstag, 14 bis 18 Uhr, in der Sporthalle Köln-Kalk: Training in Einrad- und Fahrradtrial! Ihr könnt dort ein Probetraining machen. Gratis! Die Fahrräder bekommt ihr in der Sporthalle! Zwei Kinotipps hab ich noch für euch: Einmal: „Kinder aus Köln", ein Jugendfilm,

am Samstag um 15.30 Uhr und um
17.45 Uhr, im Cinedom. Oder am Sonntag
um 17.30 Uhr im Odeon: „Kommissar
Knauf räumt auf", eine Krimi-Komödie. Mit
Daniel Brenner und Yvonne Koch.
Achtung: lustig!
Und was noch? Ah ja: Die Theatergruppe
im Jugendclub VON DEL spielt „Nichts-
nada-niente", am Sonntag um 17 Uhr, im
Jugendclub an der Vondelstraße 10.
Die Karten kosten 5 Euro. Karten-Telefon:
88 87 77 11.
Außerdem, nicht vergessen: Straßenfest
in der Venloer Straße, Samstag und
Sonntag, für Jung & Alt, Groß & Klein. Mit
der Gruppe „Pasta". Musik und eine super
Show. Da müsst ihr hin!
Und das Top-Event am Sonntag, ab 13 Uhr:
Im Jugendzentrum an der Zoobrücke: das
Festival der Kölner Schülerbands! Hier
könnt ihr richtig gute Rockmusik aus Köln
hören und im Garten chillen. Das ist doch
was, oder?

Anna:	Cool! Fahrradtrial, das finde ich super.
Luisa:	Ja, das macht sicher Spaß. … Und was ist mit dem Theater im Jugendclub?
Fabio:	Wisst ihr was? Wir machen einfach alles! Und auf den Flohmarkt und das Straßen-fest gehen wir auch noch, ok?

6 Lektion 21, 1

(Hörbild: Straßenfest, Stimmen, Musik)

7 Lektion 21, 3

Anna:	Boah, hier ist ja total viel los! So viele Leute!
Luisa:	Das ist hier immer so. Wir Kölner feiern eben gern.
Anna:	Und? Was machen wir jetzt? Ah, hier ist ein Programm.
Luisa:	Guck mal, Anna. 17.15 Uhr: „Zumba mit Ben Becks". Wollen wir da mitmachen? Komm, wir gehen ein bisschen tanzen. Hast du Lust?
Anna:	Na gut, okay, aber können wir vorher noch etwas essen? Ich habe Hunger. Du nicht, Luisa?
Luisa:	Doch, ein bisschen schon.
Anna:	Und was essen wir? Bratwurst oder Hähnchen?
Luisa:	Hähnchen schmeckt mir nicht. Dann lieber eine Bratwurst.
Anna:	Ja, okay.
Luisa:	Möchtest du auch Pommes?
Anna:	Nein.
Luisa:	Guten Tag. Zweimal Bratwurst bitte und eine Portion Pommes.

Verkäufer:	Kommt sofort. … Möchtet ihr auch Ketchup?
Anna:	Nein, danke.
Luisa:	Ich auch nicht. Danke.
Luisa:	Mmh. Die Pommes sind lecker. Willst du mal probieren?
Anna:	Ja, gern. … Mmmh. … Und? Gehen wir jetzt mal in das Zelt? Es ist fast fünf Uhr. Der Zumba-Kurs fängt gleich an.
Luisa:	Ja klar! Hey, Anna, Moment, warte mal! Siehst du den Jungen da? Den kenne ich. Das ist doch Philipp, mein Nachbar!
Anna:	Bist du sicher?
Luisa:	Klar! Psst, nichts sagen! … Hi! Na, rate mal! Wer bin ich?
Niklas:	Äh, keine Ahnung, kenne ich dich?
Luisa:	Oh, äh, Entschuldigung! Ich wollte, äh, ich habe, äh …
Niklas:	Kein Problem! Ich bin Niklas. Und ihr?

8 Lektion 21, 5

▲ Gehen wir zum Straßenfest?
● Keine Lust. Ich will nicht zum Straßenfest gehen.
▲ Nun komm schon!
● Ich will aber nicht zum Straßenfest gehen.
▲ Okay. Dann frage ich eben Tim.

9 Lektion 21, 6

Luisa:	Brr, ist das kalt! Was machen wir denn jetzt?
Anna:	Hm, keine Ahnung!
Luisa:	Hast du Durst?
Anna:	Nein, ich habe keinen Durst.
Luisa:	Dann gehen wir jetzt zum Zumba?
Anna:	Für mich kein Zumba, bitte. Ich will nicht mehr tanzen. Ich bin ganz nass und es ist so kalt.
Luisa:	Hm, dann möchtest du auch nicht Autoskooter fahren, richtig?
Anna:	Richtig! Das möchte ich auch nicht. Das macht jetzt keinen Spaß, finde ich.
Luisa:	Was möchtest du denn?
Anna:	Hm, wir können zu mir gehen. Ich kann dir Fotos aus München zeigen, vom Oktoberfest. Magst du?
Luisa:	Ja, das finde ich super! Und, … Anna?
Anna:	Ja?
Luisa:	Können wir bei dir einen Tee machen?
Anna:	Na klar! Also, los! Schnell zur U-Bahn!
Luisa:	Iiiihh!

10 Lektion 22, 2a

Anja:	Hier ist Anja Feldbusch von Radio Köln 2000 mit der Sendung „Im Interview". Heute miiiit … Fabio Schmidt. Hallo, Fabio!
Fabio:	Hallo!

Transkriptionen Kursbuch

11 **Lektion 22, 2b und c**

Anja: Hier ist Anja Feldbusch von Radio Köln 2000 mit der Sendung „Im Interview". Heute miiiit … Fabio Schmidt. Hallo, Fabio!

Fabio: Hallo!

Anja: Wie alt bist du, Fabio?

Fabio: 13.

Anja: Fabio ist also 13 und liebt Fußball. Aber Fabio spielt nicht nur selbst mit seinen Freunden, er trainiert auch eine Mannschaft. Und zwar…

Fabio: …den FC Regenbogen aus Köln-Kalk. Ich trainiere die U11, arbeite also mit Jungen unter 11 Jahren. Sie sind alle 9 oder 10 Jahre alt.

Anja: Der FC Regenbogen ist eine Mannschaft mit einer Besonderheit, nicht? Woher kommen denn die Kinder?

Fabio: Sie leben alle in Köln, aber ihre Familien kommen aus verschiedenen Ländern, eine ganz bunte Mischung. Ahmets Vater zum Beispiel ist Marokkaner und Davids Mutter kommt aus Spanien. Und die Eltern von Alex – das ist unser Kapitän – sind aus Russland.

Anja: Dann gibt es also viele Sprachen in deiner Mannschaft!

Fabio: Ja, das ist toll! Und alle sprechen super Deutsch. Das ist beim Training überhaupt kein Problem.

Anja: Und wie lange machst du das schon, die Mannschaft trainieren?

Fabio: Fast acht Monate.

Anja: Und warum machst du es?

Fabio: Es macht mir einfach Spaß! Ich arbeite total gern mit den Jungen, wir sind ein super Team. Einer hilft dem anderen, das ist wirklich toll.

Anja: Wie viele Kinder hast du in der Gruppe?

Fabio: Im Moment 12, aber es sind nicht immer alle da. Wir spielen nicht nur Fußball zusammen, wir organisieren auch Feste und Ausflüge, gehen zusammen zum Karneval, so etwas. Und manchmal sprechen wir auch über Probleme.

Anja: Musst du auch manchmal mit deinen Kickern schimpfen?

Fabio: Na ja, manchmal schon, wenn sie Quatsch machen oder wenn sie sich streiten.

Anja: Boah, dann bist du ja nicht nur Trainer für die Kids.

Fabio: Na ja, oft bin ich auch wie ein großer Bruder für die Jungs.

Anja: Und hast du nie Probleme in der Schule? Ich meine, du bist ja viele Stunden mit den Jungen zusammen.

Fabio: Probleme nicht, aber ich bin auch kein sehr guter Schüler. Na ja, ich muss keine supertollen Noten haben – außer in Sport. Ich möchte mit den Kids Fußball spielen und ein paar Spiele mit ihnen gewinnen.

Anja: Na dann, viel Erfolg und viel Spaß zusammen. Danke dass du hier warst, Fabio! Mach's gut und viele Grüße an deine Mannschaft!

Fabio: Danke! Tschüss!

12 **Lektion 22, 3**

1 *(Brasilianerin)*
2 *(Spanierin)*
3 *(Deutscher)*
4 *(Engländer)*
5 *(Amerikanerin)*
6 *(Italiener)*

13 **Lektion 22, 11**

▲ Du singst so gut wie Celine Dion.
● Nein! Ich singe sogar besser als Celine Dion.
▲ So ein Unsinn!

14 **Lektion 23, 5a**

Fabio: Ja, hallo?

Anna: Hi, Fabio.

Fabio: Anna? Hi, na, wie geht's?

Anna: Ach ja, ganz gut. Ich habe gerade etwas über Liebesschlösser gelesen und dass es auf der Hohenzollernbrücke so viele gibt.

Fabio: Das stimmt!

Anna: Ich will zu Fuß hingehen, aber ich glaube, ich finde den Weg nicht.

15 **Lektion 23, 5b**

Fabio: Wo bist du denn jetzt?

Anna: Ja, keine Ahnung! Irgendwo im Zentrum. Die Straße hier heißt … warte mal … Hühnergasse. Kennst du die?

Fabio: Ja, die kenne ich! Bis zur Hohenzollernbrücke ist es nicht weit.

Anna: Aber wie muss ich denn jetzt gehen?

Fabio: Also, pass auf, du gehst die Hühnergasse bis zum Ende und an der Ecke nach links. An der nächsten Kreuzung gehst du dann nach rechts.

Anna: Okay, also zuerst nach links, dann nach rechts.

Fabio: Du bist dann in der Lintgasse. Dann gehst du einfach immer geradeaus, bis zum Fischmarkt. Und dann nach links. In der Nähe ist eine Kirche.

Anna: Fischmarkt? Kirche? Boah, das ist aber kompliziert!

Transkriptionen Kursbuch

16 **Lektion 23, 5c**

Fabio: Kompliziert? Ach, weißt du was? Du holst dir jetzt ein Eis, gehst die Hühnergasse bis zum Ende und wartest da auf mich. Ich bin in zehn Minuten bei dir. Und dann gehen wir zusammen zur Hohenzollernbrücke!

Anna: Wirklich? Hast du Zeit?

Fabio: Ja, ich bin gleich da.

Anna: Okay, ich warte!

Fabio: Bis gleich!

Anna: Ja, bis gleich!

17 **Lektion 24, 2**

Fabio: Sagt mal, wollt ihr jetzt wirklich Hausaufgaben machen? Wir können doch noch kurz in den Park gehen oder ein bisschen am Computer spielen oder …

Anna: Fabio, ihr habt gesagt, wir machen zusammen Hausaufgaben und ihr helft mir in Mathe. Ich bin echt schlecht in Mathe!

Tim: Klar, das haben wir versprochen. Stimmt's, Fabio? Also, was haben wir denn auf?

Anna: Also, in Deutsch … Frau Homburg hat gesagt, wir sollen den Aufsatz vorbereiten.

Fabio: Was ist nochmal das Thema?

Anna: „Handyverbot in der Schule". Wir sollen Argumente dafür und dagegen finden.

Fabio: Aha. Und was haben wir sonst noch auf?

Anna: Mathe. Wir sollen die Aufgaben 5 und 6 auf Seite 37 machen. Das sieht ziemlich schwierig aus. Hoffentlich versteht ihr das.

Fabio: Kein Problem für Tim, unser kleines Mathe-Genie. Er findet immer die richtige Lösung. Er hat nur super Noten in Mathe. Stimmt doch, Tim, oder?

Tim: Hm, na ja, also … Ich mag Mathe eben. Das war schon immer mein Lieblingsfach!

Fabio: Und was ist mit Englisch und Chemie?

Tim: In Englisch sollen wir die Fehler korrigieren und das Diktat üben und in Chemie die Formeln lernen. Aber das machen wir nicht alles heute Nachmittag, oder? Deutsch und Mathe, das ist wahrscheinlich genug.

Anna: Ja, finde ich auch. Gut, dann fangen wir mit Mathe an. Einverstanden, Tim?

Tim: Okay, was hast du denn nicht verstanden, Anna?

Anna: Hier, schau, ich verstehe schon die Frage nicht. Kannst du mir das erklären?

Tim: Hm, ja, das ist eigentlich nicht schwer…

Fabio: Ihr könnt schon mal anfangen. Ich hole uns mal Saft und ein paar Chips. Ihr mögt doch Chips?

Anna: Fabio, hey, du sollst hier mit uns Hausaufgaben machen!

Fabio: Ich hab aber Durst, und ein bisschen Hunger eigentlich auch und … Hey, ich habe eine Idee. Wir können vielleicht später etwas vom Asia-Imbiss essen. Ich kenne da einen, der ist super.

Tim: Oh ja. keine schlechte Idee.

Anna: Mal sehen, vielleicht später. Aber jetzt arbeiten wir erst mal!

18 **Lektion 24, 7**

Fabio: Anna, mach doch bitte mal die Tür auf!

Anna: Ja, ist gut, mach ich.

Jonas: Hi!

Anna: Äh, ja, äh, hallo.

19 **Modul Luisa, Einstieg, 1 und 2**

vgl. Kursbuch

20 **Lektion 25, 4**

Luisa: Hey, hallo! Wir suchen beste Freunde für einen Film von der Medien-AG.

Sandra: Ah, das Projekt habe ich auf eurer Webseite gesehen. Da soll man seinen besten Freund oder seine beste Freundin vorstellen, nicht?

Luisa: Ja, genau. Hat jemand Interesse? Du vielleicht?

Sandra: Ja, die Idee finde ich eigentlich prima. Ich frage mal Isabel. Das ist meine beste Freundin. Sie macht bestimmt mit.

Luisa: Super, Sandra! … Hat denn jemand von euch schon mal bei einem Film mitgemacht?

Sandra: Thomas, du machst doch immer Filme!

Thomas: Ja, aber nur mit dem Handy.

Luisa: Toll! Möchtest du dann nicht auch bei unserem Projekt mitmachen?

Sandra: Ja los, Thomas, mach doch auch mit! Kannst du nicht deinen Freund Elias vorstellen? Der ist doch so witzig!

Thomas: Ja, gute Idee! Ich frag ihn mal, er hat bestimmt Lust!

Luisa: Klasse, … Vielleicht machen ja noch mehr mit.

Thomas: Sag mal, Luisa, schneidet ihr eure Filme eigentlich auch selbst?

Luisa: Ja klar!

Thomas: Und was macht ihr noch so in der Medien-AG?

Luisa: Wir bearbeiten Fotos und Filme am Computer, wir machen Podcasts, wir machen auch Webseiten, … Die Homepage der Medien-AG, zum Beispiel, die haben wir selbst gemacht.

Thomas: Wow! Die habt ihr selbst gemacht? Die sieht ja wirklich toll aus!

Luisa: Ja, war viel Arbeit, aber hat echt Spaß gemacht! … Hey Leute, Thomas und Sandra sind bei unserem Projekt dabei. Macht noch jemand mit?

Junge: Hm, ich weiß nicht…

Mädchen: … keine Zeit …

Luisa: Niemand? Schade! … Überlegt es euch! Es macht bestimmt Spaß!
Sandra und Thomas, wir treffen uns dann am Donnerstag um 14 Uhr 30 im Raum 310. Also, bis Donnerstag!

Sandra: Ja, ist gut. … Hey warte, Luisa. Wo treffen wir uns? Im Raum 210?

Luisa: Nein, Raum 310!

Sandra: Okay, Danke! Dann bis Donnerstag!

21 Lektion 26, 1

Sofie: Hallo, ich bin Sofie und das ist Luisa. Sie ist meine beste Freundin. Warum? Weil sie einfach super ist. Sie ist sehr direkt, das finde ich total wichtig. Wir kennen uns schon sehr lange. Und ich mag sie, weil ich ihr einfach alles erzählen kann. Wir verstehen uns unheimlich gut und machen viel zusammen. Wir essen zum Beispiel beide total gern Eis und hören oft zusammen Musik. Mit Luisa ist es immer lustig. Nur manchmal bin ich auch sauer, weil sie so viel macht: Schule, Sport, Medien AG, … Aber ich mag sie echt total gern! Sie ist so … na eben ganz besonders. Meine beste Freundin!

22 Lektion 27, 2

Sofie: Hallo, hier ist Sofie – leider nicht persönlich. Bitte hinterlasst eine Nachricht, ich rufe zurück!

Luisa: Hi Sofie! Oh, Mist, schade, dass du nicht da bist!! Ich muss dir nämlich was erzählen. Stell dir vor, wir dürfen Koffer packen! Ich habe heute eine E-Mail bekommen und weißt du, was? Wir haben gewonnen! Naja, noch nicht ganz. Aber wir sind im Finale. Also die Medien-AG ist im Finale. Wir sind bei den drei Besten und dürfen nach Salzburg fahren. Ist das nicht toll? Ich war noch nie in Salzburg, aber ich glaube, dass es dort sehr schön ist. Und hoffentlich gewinnen wir dann auch im Finale in Salzburg. Juhuu, ich freue mich soooo sehr. Waaaaah! Ruf mich an, okay? Das müssen wir feiern! Tschühüss!

23 Lektion 27, 3b

Luisa: Sofie, die Medien-AG hat im Wettbewerb gewonnen. Meinst du nicht, dass wir das feiern müssen?

Sofie: Doch, natürlich. Und was machen wir?

Luisa: Ich schlage vor, dass wir Pizza bestellen.

24 Lektion 27, 8

Josef Wallberger: Grüß Gott, mein Name ist Josef Wallberger. Ich bin der Leiter des Jugendhotels. Herzlich willkommen hier in Salzburg!

Jugendliche: Hallo! – Guten Tag! – Grüß Gott! – Hallo!

Josef Wallberger: Ihr bekommt jetzt gleich eure Zimmerschlüssel. Bringt bitte eure Koffer in die Zimmer. Um 16 Uhr gibt es hier im Restaurant Kakao, Tee und Kuchen für euch. Seid so nett und räumt bitte eure Tassen und Teller selbst auf. Abendessen ist zwischen 18 und 19 Uhr. Das Frühstück gibt es morgens zwischen 8 und 10 Uhr. Schließt bitte immer die Türen ab und gebt bitte den Schlüssel an der Rezeption ab. Ach ja: Ihr könnt in den Zimmern natürlich Musik hören, aber bitte nicht zu laut. Es gibt ja auch noch andere Gäste. Ok? Danke! Habt ihr noch Fragen? Ist alles klar?

Junge 1: Dürfen wir gleich noch in die Stadt gehen?

Luisa: Gibt es hier Eis?

Junge 2: Kann ich noch duschen?

Mädchen 1: Kann ich ein Fahrrad ausleihen?

Martina Maier: Halt, stopp, Moment! Seid bitte leise. Ich antworte gleich auf eure Fragen! Zuerst: Vielen Dank, Herr Wallberger! So, ich bin Martina Maier und ich begleite euch in Salzburg. Wir treffen uns jetzt um 15 Uhr im Raum 307, das ist im 3. Stock – und dort sprechen wir über das Programm. Vorher könnt ihr noch in eure Zimmer gehen, ihr könnt duschen oder ein Eis essen. Ein Automat steht gleich hier, am Eingang. Wir treffen uns um 15 Uhr. Seid bitte pünktlich, ja? Raum 3-0-7. Andrea Müller und Sandra Turm?

Mädchen: Ja, hier! Hier!

Martina Maier: Zimmer Nummer 41, 1. Stock!

Mädchen: Danke!

Transkriptionen Arbeitsbuch

2 Lektion 19, 17

vgl. Arbeitsbuch

3 Lektion 19, 18b

1

Warum essen verrückte Vampire zu Weihnachten Würstchen zum Frühstück?

4 2

Welcher Vater spielt im November mit Freunden ohne Pullover Volleyball im Wald?

5 3

Was ist los? Warum machst du so viele Fehler, vergisst französische Vokabeln und willst immer auf dem Sofa fernsehen? Bist du nervös?

6 Lektion 20, 18

vgl. Arbeitsbuch

7 Lektion 20, 19

1 wirklich
2 unsympathisch
3 jugendlich
4 französisch
5 lustig
6 eigentlich
7 langweilig
8 chaotisch
9 wichtig
10 herzlich

8 Lektion 20, 20a

vgl. Arbeitsbuch

9 2

vgl. Arbeitsbuch

10 Lektion 20, 20b

1

vgl. Track 8

11 2

vgl. Track 9

12 Lektion 21, 19a

▲ Wo bist du denn?
● Ich bin doch schon da!

13 2

■ Echt?
◆ Ja, wirklich!

14 Lektion 21, 19b

vgl. Arbeitsbuch

15 vgl. Arbeitsbuch

16 Lektion 21, 19c

1

vgl. Arbeitsbuch

17 2

vgl. Arbeitsbuch

18 Modul Anna – Training Hören, 2

Teresa: Hallo?
Daniel: Hi! Hier ist Daniel!
Teresa: Hallo Daniel! Mensch, wie geht's dir? Seid ihr schon in der neuen Wohnung?
Daniel: Ja klar!
Teresa: Erzähl mal, wie ist die neue Wohnung?
Daniel: Sie ist ziemlich groß, drei Zimmer. Also, wir haben eine Küche, ein Bad, eine Toilette, ein Wohnzimmer, mein Zimmer und das Zimmer von meiner Mama.
Teresa: Und wie sieht dein Zimmer jetzt aus? Hast du dein Bett mitgenommen?
Daniel: Ja, klar. Auch den Schrank und das Regal. Aber der Schreibtisch ist neu. Der ist echt super! Und ich hab sogar einen Balkon!
Teresa: Echt? Einen Balkon? Das ist ja cool! Ich glaube, ich komm dich mal besuchen. Immer nur hier in Kassel, das ist ja auch langweilig.
Daniel: Ja, mach das! Das ist super! Ach ja, Kassel ist so weit weg. … Manchmal fühle ich mich hier echt ein bisschen allein – so ohne Freunde.
Teresa: Hast du dich denn schon mal verabredet? Mit jemandem aus deiner Klasse oder so?
Daniel: Nein, noch nicht. Ich weiß nicht. … Bis jetzt finde ich nur zwei aus meiner Klasse so richtig sympathisch.
Teresa: Ach komm, in Hannover gibt's bestimmt auch nette Leute! … Und sonst so? Was ist denn da so los bei euch?
Daniel: Nächstes Wochenende machen wir hier ein Sportfest mit dem Motto „Zusammen sind wir stark!". Es geht aber nur um Mannschafts-sportarten: Fußball, Volleyball, Basketball, Handball.
Teresa: Und du machst auch mit?

Daniel: Ja. Meine Klasse spielt Volleyball gegen die 9b vom Max-Planck-Gymnasium.

Teresa: Nicht schlecht.

Daniel: Und abends gibt's dann noch eine große Party in einem Zelt: mit DJ und so. Pommes, Bratwurst, Hähnchen usw., das ganze Programm.

Teresa: Na also! Was willst du denn?! Hoffentlich lernst du auf dem Fest noch ein paar nette Leute kennen.

Daniel: Ja, hoffentlich!

Teresa: Du, ich muss jetzt los zum Training. Lass und doch bald wieder telefonieren.

Daniel: Ja, gern! Dann bis bald. Tschüss!

Teresa: Tschüss!

19 Lektion 22, 21

vgl. Arbeitsbuch

20 Lektion 22, 22a

vgl. Arbeitsbuch

21 Lektion 22, 22b

vgl. Track 20

22 Lektion 22, 23

1

vgl. Arbeitsbuch

23 2

vgl. Arbeitsbuch

24 3

vgl. Arbeitsbuch

25 Lektion 23, 16a

vgl. Arbeitsbuch

26 Lektion 23, 17a

vgl. Arbeitsbuch

27 Lektion 23, 17b

vgl. Arbeitsbuch

28 Lektion 24, 18

vgl. Arbeitsbuch

29 Lektion 24, 19

1

vgl. Arbeitsbuch

30 2

vgl. Arbeitsbuch

31 3

vgl. Arbeitsbuch

32 Lektion 24,20

vgl. Arbeitsbuch

33 Modul Fabio – Training Hören, 3

Teil 1

Hallo Leute!, und hier ist wieder Radio Mega mit „Deutsch ist cool"– dem Programm für junge Deutschlerner aus aller Welt – mit den neuesten Hits und spannenden Informationen.

Natürlich haben unsere Mega-Reporter auch heute wieder zwei tolle Themen für euch mitgebracht! Zuerst geht es um unser Lieblingsthema Fußball. Warum lieben die Menschen auf der ganzen Welt diesen Sport?

Außerdem: Welche Schule auf einer deutschen Insel hat nur 14 Schüler und keinen normalen Englischunterricht? Gleich hört ihr die Antwort.

34 Teil 2

Tor, Tor, Tooooor! Sie kicken auf dem Schulhof oder sie spielen in einem Fußballverein: Millionen Deutsche spielen Fußball – und nicht nur die Profis! Aber Fußball ist auch in Österreich und in der Schweiz die Sportart Nummer eins. Nicht so in den USA. Die Amerikaner finden Basketball, Baseball oder American Football interessanter als Fußball.

Weltweit spielen mehr als 200 Millionen Menschen aktiv Fußball in einem Verein. Und jede Woche sitzen Millionen Menschen in einem Stadion, vor dem Fernseher oder vor dem Radio.

Aber was macht den Fußball so interessant? Die Regeln sind einfach: Der Ball muss ins Tor. Zehn Spieler und ein Torwart spielen in jeder Mannschaft. Und jedes Team schießt dann in 90 Minuten so viele Tore wie möglich. Bei den Profis müssen alle in der Mannschaft sehr gute Spieler sein, das ist klar. Aber das ist nicht genug. Sie müssen auch gut zusammen spielen. Fußball ist einfach mehr als nur ein Sport. Waren die Profi-Spieler gut in der Schule? Haben ihre Eltern viel Geld? Welche Nationalität haben sie? Das ist egal, denn beim Fußball haben alle eine Chance!

35 **Teil 3**

Auf der Insel Langeoog leben 2000 Menschen. Die Insel hat eine kleine Schule mit nur 14 Schülern. Und für die gibt es jetzt etwas Neues.

Die Englischlehrerin Frau Glittenberg sitzt viele Kilometer weit weg in einer Stadt und ihre Schüler sitzen in ihrem Klassenzimmer auf der Insel Langeoog. Wie geht das? Auf ihrem Monitor kann Frau Glittenberg die Schüler sehen. So kann sie sogar mehrere Klassen zur selben Zeit in Englisch unterrichten.

Mit einem Monitor im Klassenzimmer sehen und hören auch die Schüler ihre Lehrerin. Sie können auch Fragen stellen. Manchmal macht die Technik leider Probleme, dann ist das Bild von Frau Glittenberg sehr schlecht.

Warum machen die das, fragst du dich vielleicht. Macht so ein Unterricht Spaß? Die Antwort ist ganz einfach: Nur so können die Schüler Englisch und andere Fächer lernen, die es in ihrer Insel-Schule nicht gibt, denn auf der kleinen Insel wohnen nur wenige Schüler.

36 **Lektion 25, 15**

vgl. Arbeitsbuch

37 **Lektion 25, 16**

vgl. Arbeitsbuch

38 **Lektion 25, 17**

1

vgl. Arbeitsbuch

39 **2**

vgl. Arbeitsbuch

40 **Lektion 26, 18**

vgl. Arbeitsbuch

41 **Lektion 26, 19**

vgl. Arbeitsbuch

42 **Lektion 26, 20**

vgl. Arbeitsbuch

43 **Lektion 26, 21**

vgl. Arbeitsbuch

44 **Lektion 27, 17**

vgl. Arbeitsbuch

45 **Lektion 27, 18**

1 Text
2 Spielplatz
3 abends
4 Zoo
5 Mozartkugel
6 Salzburg
7 vormittags
8 Zentrum

46 **Lektion 27, 20**

vgl. Arbeitsbuch

47 **Modul Luisa – Training Hören, 2**

Reporterin: Hallo, ich bin Larissa von der Online-Redaktion Galaxy. Wir machen zur Zeit eine Umfrage zum Thema „Schüler und Medien". Hast du vielleicht kurz Zeit für ein paar Fragen?

Felix: Ja, klar. Kein Problem.

Reporterin: Wie heißt du?

Felix: Felix.

Reporterin: Okay, Felix, dann fangen wir mal an. Siehst du oft fern?

Felix: Es geht so, manchmal abends mit meinen Eltern. Aber eigentlich finde ich das ziemlich langweilig.

Reporterin: Warum?

Felix: Na ja, mit meinen Freunden ist es lustiger. Wir treffen uns oft und schauen dann zusammen Filme an.

Reporterin: Und wie oft hörst du Radio?

Felix: Das Radio läuft eigentlich nur morgens beim Frühstück, weil meine Eltern gern Musik hören.

Reporterin: Welche anderen Medien benutzt du so?

Felix: Na ja, ich habe halt meinen Laptop und mein Smartphone – wie die meisten in meiner Klasse.

Reporterin: Und was machst du mit dem Smartphone?

Felix: Zuerst mal schreibe ich SMS oder chatte. Aber ich mache auch viele Fotos und kleine Videofilme und schicke die dann an Freunde. Oder ich telefoniere, schreibe E-Mails und surfe im Internet und so. Ach ja, und ich höre natürlich auch Musik.

Reporterin: Liest du gern?

Felix: Richtige Bücher oder E-Books?

Reporterin: Beides.

Felix: Na ja, nicht so viel, aber manchmal lese ich noch richtige Bücher. … Fantasy finde ich ganz gut. Leider sind das ja meistens so lange Geschichten und das dauert dann so lange.

Reporterin: Und E-Books?

Felix: Eigentlich nicht. Meine Mutter findet das total praktisch. Sie fährt oft mit der S-Bahn oder mit dem Zug und liest dann E-Books auf ihrem Tablet.

Reporterin: Arbeitet ihr im Unterricht auch mit Computer und Internet?

Felix: Ja, wir haben in der Schule einen Medienraum. Da machen wir manchmal Online-Recherchen, Podcasts, Videofilme und sowas.

Reporterin: In welchen Fächern denn?

Felix: In Deutsch, Englisch, Geografie, Geschichte.

Reporterin: Und wie findest du das?

Felix: Das ist ganz cool. Manchmal sind wir Schüler da sogar fitter als unsere Lehrer.

Reporterin: Echt? Und helft ihr euren Lehrern dann?

Felix: Klar! … Aber natürlich nur, wenn sie nett sind …

Reporterin: Vielen Dank, Felix. Das war's schon.

Felix: Kein Thema. Hat Spaß gemacht!

Moduleinstiegsseite Anna

1a *Lösungsvorschlag:* **aus München** – wohnt jetzt in Köln –
1 Bruder – liest gern Mangas – zeichnet gern

b *Lösungsvorschlag:* macht Karate – ihr Lieblingsessen
ist Pizza

2 A Kölner Dom B Kölner Karneval C Rhein, Brücken

Lektion 19

1 *individuelle Lösung*

2a 7 – 3 – 8 – 1 – 6 – 4 – 5 – 2

b 2 spazieren gegangen – angeschaut – gewesen
3 groß 4 ganz okay – kennengelernt 5 sprechen
6 Kuchen 7 Mathelehrerin – Englischlehrer
8 Küche – Wohnzimmer

4a B

b **in München:** Fleischpflanzerl – Semmel
in Köln: Guten Tag. – Frikadelle – Brötchen

5b *Lösungsvorschlag:* In Annas Zimmer gibt es ein Bett,
einen Teppich, einen Schrank, ein Poster, einen Sessel,
ein Regal, einen Computer und Bücher. Aber es gibt
kein Sofa, keinen Kühlschrank und keinen Spiegel.

6 1 c 2 a 3 d 4 b

7 *Lösungsvorschlag:* Der Kühlschrank steht noch im
Wohnzimmer. Der Teppich liegt auf dem Sofa. Die
Lampe steht auf dem Kühlschrank. Die Bücher liegen
auf dem Sessel. Die Gitarre liegt im Flur. Das Fahrrad
steht im Flur und am Lenker hängt ein Rucksack. Die
Sporttasche hängt an der Tür.

9a *Lösungsvorschlag:* Sanne12 räumt nicht gern auf.

b Kater Felix

c 1 r 2 f 3 f 4 f 5 r 6 f

Lektion 20

1a b

b b

c A Jonas B Fabio und Tim C Luisa

2a 1 Jonas 2 Anna 3 Laura, Simon und Nico 4 Luisa
5 Anna 6 Jonas 7 Luisa, Fabio und Anna 8 Luisa und
Fabio 9 Tim 10 Anna

4 B Anna hat sich mit Freunden gestritten. C Laura hat
sich krank gefühlt. D Luisa hat sich mit Freunden
getroffen. E Simon hat sich sehr gefreut. F Nico hat
sich allein gefühlt.

6a 3 – 5 – 4 – 1 – 2 – 6

b 1 a 2 c 3 c 4 c 5 c 6 c

7a 1 Der Professor: sehr intelligent und immer fleißig
2 Die Diva: oft nervös und ein bisschen neugierig
3 Der Clown: immer lustig und meistens glücklich
4 Die Öko-Tante: romantisch und sensibel

b **Professor:** 1 intelligent, fleißig, pünktlich 2 seinen
Laptop leben. 3 Informatiker
Diva: 1 nervös, neugierig, hübsch, schlank, elegant,
egoistisch 2 Sonnenbrille auf die Straße. 3 Model
Clown: 1 lustig, glücklich, hilfsbereit, nett, optimistisch
2 seine Freunde leben. 3 Schauspieler
Öko-Tante: 1 romantisch, sensibel, unpünktlich,
ein bisschen faul 2 ein Buch aus dem Haus gehen.
3 Politikerin, Künstlerin

Lektion 21

1 b

2a Anna ist auf dem Fest. – Luisa ist am Eingang.

3a A 2 B 1 C 4 D 3

c 1 a 2 b 3 a 4 a 5 a 6 b 7 b 8 a 9 a 10 b

4 *individuelle Lösung*

6a a

b b – d

7 1 Am Dienstag. Dann kostet alles nicht so viel.
2 sitzen, Musik hören, singen, trinken, essen, Spaß
haben 3 „Wiesn" 4 Bier, Limo, Spezi, Cola, Saft
5 Würstchen, Hähnchen, Breze, Lebkuchen-Herzen

10a 1 Lebkuchen-Herz 1 gibt es zum Muttertag. 2 Lebkuchen-Herz 2 gibt es zum Geburtstag. 3 Lebkuchen-
Herz 3 gibt es zu Weihnachten. 5 Lebkuchen-Herz
5 gibt es zum Oktoberfest.

Landeskunde

1 A Weihnachten B Silvester C Karneval D Halloween

Lösungen Kursbuch

Moduleinstiegsseite Fabio

1 *Lösungsvorschlag:* mag Sport, aktiv, trainiert den „FC Regenbogen", mag Karneval, hat einen Bruder

2 *Lösungsvorschlag:* jung, blond, groß, schlank, lustig, mutig, freundlich, neugierig, sympathisch, intelligent, nett, sportlich

Lektion 22

1 A 2 B 6 C 3 D 5 E 1 F 4

2a b

b 1 r 2 r 3 f 4 r 5 f 6 f 7 r

c 1 Deutschland 2 kommen 3 Vater 4 Mutter 5 Eltern 6 Deutsch 7 Feste

3 Brasilianerin – Spanierin – Deutscher – Engländer – Amerikanerin – Italiener

4a A 4 B 3 C 5 D 2 E 1

7a 3

b 3

c 1 Roboter 2 gewonnen 3 Fußball spielen 4 schon 16 Tore 5 Studenten an der Universität Darmstadt

d 1 Jan 2 Jan 3 Isra 4 Ein Mensch 5 Ein Mensch 6 Ein Mensch

9 *individuelle Lösung*

10 1 55 – größer 2 3,3

Lektion 23

1b 1 r 2 f 3 f 4 r 5 f

3a *Lösungsvorschlag:* **B** Hier darf man nicht fotografieren. **C** Hier darf man schwimmen. **D** Hier darf man nicht telefonieren. **E** Hier darf man Fahrrad fahren. **F** Hier darf man kein Eis essen.

4 A 3 B 1 C 4 D 5 E 2

5a *Lösungsvorschlag:* Sie möchte zur Hohenzollernbrücke gehen. Sie findet den Weg nicht.

b Weg 1

c *Lösungsvorschlag:* 1 Er geht mit Anna zur Hohenzollernbrücke. 2 Bis zum Ende der Hühnergasse.

7a 2

b A 3 B 4 C 2 D 1

9 1 a 2 a 3 a

Lektion 24

2a 1 c 2 a 3 b

b 1 c 2 a 3 b

c 1 Fabio 2 Tim 3 Anna 4 Anna 5 Anna 6 Fabio 7 Tim 8 Anna 9 Fabio 10 Anna

4a A Löffel B Gabel C Teller D Tasse E Glas F Stäbchen

b *individuelle Lösung*

c 1 Fabio 2 Tim 3 Anna

7 A b B c

8a C

b 2 – 5 – 3 – 1 – 4

Landeskunde

1a 1 b 2 c

b 1 b 2 c

2 A 3 B 1 C 2

Moduleinstiegsseite Luisa

2 *Lösungsvorschlag:* Sie ist von der Medien-AG. Sie ist toll und geht in die 8b. Sie ist wunderbar. Sie ist nett. Sie hat den Blog und die Website gemacht. Alle wollen ihre Chat-Freunde sein.

Lektion 25

1 *individuelle Lösung*

b 1 Schülerinnen und Schüler aus den Klassen 8 und 9; alternativ: Luisa, Tim, Sofie, Sergei, Claudia, Adrian 2 Bilder können sprechen 3 Herr Pohl 4 Filme drehen, Fotos bearbeiten, Interviews machen, Podcasts machen, Filme schneiden 5 „Unsere Schule – mal ganz anders", „Lehrerwitze", „Beste Freunde" 6 einen Film drehen

2 *Lösungsvorschlag:* B – C – D – F – G

3 *individuelle Lösung*

4a 1 a 2 b 3 b

b 1 r 2 f 3 f 4 r 5 f

6b B zwischen C auf D unter E neben

8 2 Stell die Tasche neben den Schrank. 3 Stell den Laptop auf den Tisch. 4 Leg den Kopfhörer in die Tasche. 5 Leg das Mikrofon ins Regal. 6 Häng die Lampe über das Sofa.

Lektion 26

1a *Lösungsvorschlag:* Das sind Sofie und Luisa – Sie hören Musik. Sie essen Eis. Sie lachen.

b 2

c 1 a 2 b 3 b 4 a 5 b 6 b

2 *Lösungsvorschlag:* Luisa findet Sofie toll, weil sie Musik liebt. Luisa findet Sofie toll, weil sie viel lacht. Luisa findet Sofie toll, weil sie gut singen kann.

4a ja

b 1 D 2 B 3 A 4 C

5a Luisa – an Frau Mall – sie wollen am Wettbewerb teilnehmen

7a A 1 B 5 C 3 D 2 E 4

b *Lösungsvorschlag:* A Möchtest du schwimmen? – Nein, es ist zu kalt. B Möchtest du Mathe lernen? – Nein, das ist doch langweilig. C Stehst du um 5 Uhr auf? – Nein, das ist zu früh. D Magst du den Ring? – Ja, aber er ist zu teuer. E Räumst du dein Zimmer auf? – Nein, ich bin zu müde.

Lektion 27

2 1 f 2 r 3 r 4 f

4 *individuelle Lösung*

5b b

b 1 nein 2 ja 3 nein 4 ja 5 ja

7a *individuelle Lösung*

b *individuelle Lösung*

8a 1 b 2 c 3 a

b 1 – 3 – 5 – 7

c 1 8 – 10 2 16 3 18 – 19

9a *Lösungsvorschlag:* Tanzt bitte nicht im Zimmer. Trinkt keine Cola. Steht bitte um 7 Uhr auf. Esst bitte im Restaurant. Räumt bitte das Zimmer auf. Bringt eure Koffer in die Zimmer. Frühstückt zwischen 8 und 10 Uhr. Schließt bitte immer die Türen ab. Seid bitte pünktlich. Stört bitte nicht die anderen Gäste.

10 1 gestern 2 Mann auf der Kugel, Burg 3 Schach spielen 4 total lecker 5 Tim wollte zum „Hangar 7", dort kann man Flugzeuge und Rennwagen sehen 6 im Mozarteum, morgen

Landeskunde

1a A 3 B 1 C 4 D 5 E 2

b *individuelle Lösung*

2 1 Luca und Leonie 2 Max 3 Mateo 4 Jessica

Lösungen Arbeitsbuch

Lektion 19

1a 2 jung 3 streng 4 eigentlich – wichtig 5 anders
6 fertig 7 fehlt

b *individuelle Lösung*

2 1 B 2 C 3 A

3a 2 c 3 a 4 d 5 b

b **Nominativ:**
wir: unser – unsere
ihr: euer – eure
Akkusativ:
wir: unser – unsere
ihr: euer - eure

4 2 Unser 3 unsere 4 unser 5 Unsere 6 unseren
7 euren 8 eure

5 2 seine 3 seine 4 meinen 5 Unsere 6 unser 7 eure
8 Meine 9 Deine 10 meinen

6a 2 Stuhl 3 Teppich 4 Bett 5 Schrank 6 Regal 7 Lampe
8 Sessel 9 Tisch 10 Spiegel 11 Sofa

b Wohnung

c **1. Küche:** der Stuhl, der Tisch, das Regal, der Teppich
2. Wohnzimmer: das Sofa, des Sessel, das Regal,
die Lampe, der Tisch, der Stuhl
3. Schlafzimmer: das Bett, der Schrank, der Teppich,
das Regal, die Lampe
4. Bad: der Spiegel, das Regal

7a 1 die Fahrkarte 2 der Kochkurs 3 das Wohnzimmer

b 2 surfen + der Kurs = der Surfkurs
3 kaufen + das Haus = das Kaufhaus
4 schwimmen + das Bad = das Schwimmbad

b 2 surfen + der Kurs = der Surfkurs
3 kaufen + das Haus = das Kaufhaus
4 schwimmen + das Bad = das Schwimmbad

8 1 liegen 2 steht 3 hängt

9a 2 hängt 3 liegt 4 steht 5 hängt 6 stehen 7 liegen

b 2 an der 3 im 4 auf der 5 im 6 auf dem 7 in den; Dativ

10 2 **Die Zeitung** liegt auf dem Sessel. 3 **Das Bild** hängt
an der Wand. 4 **Das Glas** steht auf dem Tisch.

12a 1 hat … gehangen 2 ist … gewesen
3 habe … gestanden

b 2 am Kühlschrank/Schrank gehangen 3 auf dem
Block/Heft gelegen 4 im Wohnzimmer gestanden

13 1 – 3 – 5

14 1 Chaos 2 Ordnung 3 langsam 4 im Fernsehen

15 1 zieht … an 2 klappt 3 macht … aus 4 machst … an

16 2 nehme 3 Nimmt 4 nehmen 5 nehmen 6 nehmt

18a 1 **W**arum – **v**errückte – **V**ampire – **W**eihnachten –
Würstchen – **F**rühstück 2 **W**elcher – **V**ater –
November – **F**reunde – **P**ullover – **V**olleyball – **W**ald
3 **W**as – **W**arum – **F**ehler – **V**ergisst – **V**okabeln –
Willst – **f**ernsehen – ner**v**ös

Lektion 20

1 2 Treppe 3 weit weg 4 beiden 5 Hoffentlich
6 Kommst … mit

2 1 A 2 D 3 B 4 2 5 C

3a Ich freue mich – wir treffen uns – er ärgert sich –
trefft ihr euch

b mich – sich – uns – euch

4 2 dich 3 sich 4 uns 5 sich 6 dich

5 treffe mich – ärgerst … dich – fühlst … dich –
freut sich

6a Wir haben uns im Café getroffen. – Leider haben wir
uns viel gestritten. – Ich will mich nicht mehr streiten. –
Ich möchte mich auch nicht immer ärgern. – Hast du
dich mit Freunden treffen? – Wann treffen wir uns
wieder?

b Ich habe mich nicht so gut gefühlt.
Leider haben wir uns viel gestritten.
Ich will mich nicht mehr streiten.
Hast du dich mit Freunden getroffen?
Wann treffen wir uns wieder?

7 2 Meine Brüder haben sich in den Ferien oft gestritten. 3 Hat er sich gefreut? 4 Gestern habe ich mich
sehr geärgert. 5 Freut ihr euch auch so? 6 Wir wollen
uns am Kino treffen.

8 1 Habt ihr euch gestritten? 2 Freust du dich nicht?
3 Sie hat sich geärgert. 4 Wir haben uns bei Fabio
getroffen. 5 Ja, ich fühle mich nicht so gut.

9 *individuelle Lösung*

10 Computer + Kurs = der Computerkurs
Musik + Festival = das Musikfestival
Fahrrad + Training = das Fahrradtraining
Fußgänger + Zone = die Fußgängerzone

11a 2 E 3 C 4 G 5 D 6 I 7 F 8 A 9 H

b *individuelle Lösung*

12 1 Freund 2 optimistisch 3 streiten 4 dumm 5 glücklich 6 Laptop

13a 1 D 2 E 3 B 4 C 5 A

b mein Smartphone – meine Brille – meine Ohrringe – dich

14a deine – deine – deine –dich – dich

b *individuelle Lösung*

15 2 pünktlich – unpünktlich 3 romantisch – unromantisch 4 glücklich - unglücklich

16a ☺ schön, fleißig, **hübsch**, optimistisch, lustig, nett, schön, intelligent, elegant, witzig
😐 blond, neugierig, interessant, nervös
☹ **blöd**, dick, faul, dumm, langweilig

b Charakter: **blöd**, faul, egoistisch ,dumm, fleißig, optimistisch, lustig, langweilig, nett, intelligent, neugierig, interessant, nervös, witzig
Aussehen: **hübsch**, dick, schön, blond, elegant

17 hoffentlich – fertig – englisch – wichtig - möglich

19 **-ig / -isch:** 1 – 3 – 5 – 6 – 7 – 9 – 10 **-isch:** 2 – 4 – 8

Lektion 21

1 **Stadt:** die Straße, der Park, der Bahnhof
Kino: der Eingang, der Ausgang, die Kasse

2 1 Wann kommst du denn? Wir waren doch verabredet. – Oh, das habe ich total vergessen. Tut mir leid.
2 Hi Timo! Wo bist du denn? – Ich bin schon da, am Ausgang.

3 *individuelle Lösung*

4 1 Bratwurst 2 Hähnchen 3 Ketchup 4 Pommes 5 Fisch 6 Brot 7 Eis

5 1 a 2 c 3 b

6 ein Fest feiern – die Nachbarin treffen – eine E-Mail schicken – im Kiosk arbeiten – Zumba tanzen – das Hähnchen probieren; *individuelle Lösung*

7a A – A – B – A – A – B – B – A –B – A

b kein – keine – keine – nicht – nicht – nicht – nicht – nicht

c kein – nicht

8 **1 Ich möchte** kein Eis. **2 Nein, er ist** nicht mein Nachbar. **3 Nein, morgen kann ich** nicht im fünf kommen. **4 Nein, ich möchte** kein Popcorn. **5 Nein, ich spiele** nicht gern Monopoly. **6 Nein, ich finde** sie nicht nett. **7 Nein, ich möchte** nicht fernsehen.

9 *Lösungsvorschlag:* **1** Nein, ich möchte kein Ketchup. **2** Nein, Volleyball fängt nicht um zwei an. **3** Nein, ich will nicht essen. **4** Nein, ich will nicht schwimmen.

10a Ketchup – kochen – Hähnchen – Torte – Bratwurst – lecker – Pommes – essen – Hunger – probieren

b *individuelle Lösung*

11 1 gewinnen 2 liegen 3 nehmen 4 fahren 5 schwimmen 6 essen

12 Oktoberfest – Autoskooter – getragen – Zelt – Brezen – Lebkuchen-Herz

13 *individuelle Lösung*

14 B

b uns

15 1 euch – uns 2 euch 3 dir – mir – dir

16b *Lösungsvorschlag:* **Auf der Party** habe ich meine Freunde getroffen und wir haben viel getanzt. Außerdem habe ich einen Jungen / ein Mädchen kennengelernt.
In der Pause habe ich mit meinen Freunden gesprochen. Dann habe ich einen Apfel gegessen. Außerdem habe ich etwas getrunken.
In den Ferien habe ich viel gelesen und Tennis gespielt. Außerdem habe ich lange geschlafen.

17 *Lösungsvorschlag:* **Zu meinem** Geburtstag mache ich eine Party. – Zum Muttertag gehe ich mit meiner Mutter ins Kino. – Zu Weihnachten besuche ich meine Oma. – Zu Ostern fahren wir in den Urlaub.; zu

18 1 zu 2 Am 3 am 4 um 5 am 6 Am

19a 1 Bild 2 2 Bild 1

Modul Anna, Training: Lesen

1 **A** 2 **B** 1

b 1 zwei Monaten 2 München 3 nur einmal im Monat 4 nett 5 eine Lieblingsschülerin 6 total gut – Noten 7 Freunde in der Klasse 8 zu einer Party einladen

Lösungen Arbeitsbuch

Modul Anna, Training: Hören, Sprechen

2a Kassel – Hannover

b 2 Zimmer 3 Klasse 4 Sportfest 5 Party

c 1 b 2 c 3 a 4 b 5 b 6 b

3a *individuelle Lösung*

Das kannst du jetzt!

Lösungen siehe AB, S. 97

Lektion 22

1 1 DRIBBELN 2 MANNSCHAFT 3 TRAINER 4 KAPITÄN 5 GEWINNEN 6 TOR 7 TORWART

2 alle Spiele → **viele Spiele** → ein paar Spiele → keine Spiele

3 1 Klassenarbeit 2 Karneval 3 Studio

4 2 gewonnen 3 machen 4 schießen 5 sprichst 6 spreche

5 2 Er ist Amerikaner. 3 Sie ist Spanierin. 4 Er ist Türke. 5 Sie ist Brasilianerin.

6a 2 Mann 3 Frau 4 Frau 5 Mann 6 Frau 7 Mann 8 Frau 9 Frau 10 Mann 11 Mann 12 Frau

b -er – -in

7a 1 C 2 A 3 B

b Deutscher – Deutsche

8a vgl. Arbeitsbuch

9a 4 – 1 – 3 – 2

b darf – darfst – darf – dürfen – **dürft** – dürfen

10 *Lösungsvorschlag:* Dürfen wir Pauls Handy nehmen? – Darf ich mal auf Toilette gehen? – Darf Julia das Geschenk schon aufmachen? – Darfst du denn alleine ins Kaufhaus gehen? – Dürft ihr bei der Klassenarbeit mit der Nachbarin sprechen?

11 1 **muss** – darf 2 Willst – kann 3 darf – müsst

12 2 d 3 a 4 c

13a 2 gewinnen 3 spielen 4 verlieren 5 laufen 6 fliegen

b 1 **hat** … gespielt 2 haben … gewonnen 3 hat … geschossen 4 ist … gelaufen 5 ist … geflogen

14a *individuelle Lösung*

b dicker, kleiner, teurer – **größer**, kürzer, älter – mehr, besser, **lieber**

15 2 schöner 3 jünger 4 mehr 5 besser 6 lieber 7 lieber 8 teurer 9 wärmer 10 länger

16 Die „Queen Mary" ist länger als die „Titanic", Die „Queen Mary" ist schneller als die „Titanic" Der „Erzherzog-Joseph-Diamant" ist schwerer als der „Blaue Wittelsbacher". Der „Blaue Wittelsbacher" ist teurer als der „Erzherzog-Joseph-Diamant".

17a vgl. Arbeitsbuch

b = ; >

18 2 als 3 als 4 so … wie 5 so … wie

19 *Lösungsvorschlag:* Der Gepard ist so lang wie der Puma. Der Gepard ist größer als der Puma. Der Gepard ist so schwer wie der Puma. Der Gepard ist so schwer wie der Puma. Der Gepard ist schneller als der Puma.

20 ☹, ☹, ☺, ☺, ☺, ☹, ☹, ☺

22a **wie i:** 2 – 3 – 5 – 6 – 8 – 10 **wie je:** 1 – 4 – 7 – 9

Lektion 23

1a 1 der Ring – die Ringe 2 der Schlüssel – die Schlüssel 3 das Herz – die Herzen 4 das Paar – die Paare 5 das Schloss / das Liebesschloss – die Schlösser / die Liebesschlösser 6 die Brücke – die Brücken 7 die Person – die Personen 8 die Rose – die Rosen

b 2 Schlüssel 3 Personen 4 Rosen 5 Brücken 6 Paare

2 1 ein Paar 2 ein paar 3 ein paar 4 ein Paar

3 2 verboten 3 Datum 4 erlauben

4a 1 Hier dürfen Kinder spielen. 2 Hier darf man nicht laufen. 3 Hier dürfen keine Autos fahren.

b dürfen

5 *individuelle Lösung*

6 *Lösungsvorschlag:* ☺ **Tina darf keinen Hund und auch** keine Katze haben. Tina darf keine Comics in die Schule mitnehmen. Tina darf keine Partys machen. Tina darf am Wochenende nicht bei Freundinnen bleiben. Tina darf nicht in ihrem Zimmer essen. ☹ **Tina darf** einmal im Monat ins Kino gehen.

7 *individuelle Lösung*

8 die Ecke, die Ampel, der Kiosk, der Park, das Stadion, das Kaufhaus, die Kreuzung, das Schwimmbad, die Kirche, der Supermarkt

9a B 3 C 4 D 1

b bis zum **Ende** – bis zur **Kreuzung** – bis zu den **Tennisplätzen**

10 bis zu den Häusern – bis zum Stadion – bis zur Ampel – bis zum Supermarkt – bis zu den Tennisplätzen – bis zur Kirche – bis zum Kaufhaus – bis zur Ecke – bis zum Kiosk – bis zur Kreuzung

11 **1** an der – nach rechts – geradeaus **2** zum – an der – geradeaus – An der – nach links **3** zum – bis zur – nach rechts

12 *Lösungsvorschlag:* Entschuldigung, wie komme ich zum Stadion? – Du musst bis zur Kreuzung gehen, dann nach rechts. An der Ampel musst du nach links und dann immer geradeaus bis zum Stadion. – Vielen Dank. Ist das weit? – Nein, es sind nur ein paar Minuten.

13a **B** Valentinas Haare sind am längsten. **C** Adrians Rucksack ist am schwersten. **D** Bananenmilch schmeckt Jessica am besten. **E** Tilo ist in Mathe am schlechtesten.

b am schwersten – am schlechtesten, am **kürze**sten – am längsten, am **größten** – am besten

14 **2** am besten **3** am liebsten **4** am meisten **5** am größten; *individuelle Lösung*

15 *Lösungsvorschlag:* Die Hohenzollernbrücke ist moderner als die Kapellbrücke, aber am modernsten ist die Europabrücke. Die Hohenzollernbrücke ist älter als die Europabrücke, aber die Kapellbrücke ist am ältesten. Die Hohenzollernbrücke ist länger als die Kapellbrücke, aber die Europabrücke ist am längsten. Die Hohenzollernbrücke ist kürzer als die Europabrücke, aber die Kapellbrücke ist am kürzesten. Die Hohenzollernbrücke finde ich interessanter als die Europabrücke, aber die Kapellbrücke finde ich am interessantesten.

Lektion 24

1 **2** einladen **3** einkaufen **4** mitkommen **5** tanzen **6** sammeln

2a **2** Tina soll den Text lesen. **3 ich soll** den Aufsatz schreiben. **4 du sollst** den Fehler erklären. **5 Max und Tina sollen** die Aufgaben machen. **6 ihr sollt** das Diktat korrigieren.

b ich soll – du sollst – er/es/sie soll – wir sollen – ihr sollt – sie sollen

3 **2** sollst **3** sollen **4** sollt **5** sollen

4 *Lösungsvorschlag:* **Ich soll** nach dem Training schnell nach Hause kommen **und** ich soll Hausaufgaben machen. **Dann** soll ich Mathe üben. Ich soll das Abendessen für mich und Ben machen. Ich soll Omas Geburtstag nicht vergessen und ich soll sie um 20 Uhr anrufen.

5 **2** muss **3** will **4** muss **5** kann **6** muss **7** will **8** darf **9** soll

6a **Stäbchen** – Messer – Gläser – Teller – Tasse – Gabel – Löffel

b die Stäbchen – die Messer – die Gläser – die Teller – die Tassen – die Gabeln – die Löffel

c **2 Er braucht** einen Teller, ein Messer und eine Gabel. **3 Er braucht** einen Löffel. **4 Sie braucht** eine Tasse. **5 Sie braucht** einen Teller und eine Gabel. **6 Er braucht** ein Glas.

7a A 3 B 1 C 2

b an die – auf den; Akkusativ

8a **2** ins – stellen **3 leg** – den **4** stell – ins **5** ins – legen **6** häng – die

b *Lösungsvorschlag:* Er hat das Sofa ins Wohnzimmer gestellt. Er hat die Gabeln auf den Tisch in der Küche gelegt. Er hat die Flaschen ins Regal gestellt. Er hat den Teppich ins Schlafzimmer gelegt. Er hat das Bild an die Wand gehängt.

9a **2** stelle – ins – steht – im **3** hänge – an die – hängt – an der

b **wohin?:** legen – **stellen** – hängen
wo?: liegen – stellen – **hängen**

10 **2** Stell **3** stehen **4** stellst **5** liegen **6** legen

11 **2** steht **3** im **4** den **5** gelegt **6** hängt **7** im **8** gelegt **9** liegt **10** dem **11** er **12** im

12 **1** Was haben wir auf? **2** Kannst du mir das erklären? – Ich helfe dir. **3** Ich bin dafür. – Ich bin dagegen.

13 Elias besucht eine Internetschule, **denn** er **liegt** im Krankenhaus.; 0 – 2

14a **2** a **3** c

b **1** Lisa muss eine Internetschule besuchen, denn sie ist oft im Ausland. **2** Allein lernen macht keinen Spaß, denn das ist meistens langweilig. **3** Ihre Eltern sind oft auf Reisen, denn sie sind Musiker.

15 **2 Er ist genervt, denn** sein Zeugnis ist nicht gut. **3 Theo braucht sein Mathebuch, denn** er muss für die Prüfung lernen. **4 Er lernt gern mit Freunden zusammen, denn** das macht mehr Spaß.

Lösungen Arbeitsbuch

16 **2** Mia liebt Tiere, deshalb hat sie eine Katze. **3** Tim Möchte Messer und Gabel haben, denn er kann nicht mit Stäbchen essen.

17 *Lösungsvorschlag:* Meine Eltern sind Schauspieler, deswegen arbeiten sie oft im Ausland. Aber ich habe meine Lehrerin noch nie getroffen, denn wir sehen uns nur im Internet. Der Unterricht findet allein zu Hause am Computer statt, deshalb fühle ich mich oft allein.

Modul Fabio, Training: Lesen, Hören, Schreiben

1a *2*

b **2** r **3** f **4** r **5** f **6** r **7** f **8** r

c **2** Der Unterricht in Milenas Schule fängt um 8:00 Uhr an. **5** Experten aus der Schweiz sagen, Schüler brauchen weniger Stress am Morgen. **7** Bei Mirko fängt der Unterricht 45 Minuten später an.

2a **1** F **2** F **3** S **4** F **5** F **6** F **7** S **8** S **9** F **10** F **11** S **12** F

3 **Teil 1: 1** c **2** b **Teil 2: 3** b **4** c **Teil 3: 5** b **6** b

4b *individuelle Lösung*

c *individuelle Lösung*

Das kannst du jetzt!

Lösungen siehe AB, S. 97

Lektion 25

1a **2** dreht – schneidet – Film **3** hören – Podcast **4** bearbeiten – Medien-AG **5** Interview **6** vorstellen – Homepage

b *individuelle Lösung*

2a **2** a **3** b **4** c

b **Personen:** Leo und Sara – Jenny und Cora – Die Jungen **Possessivartikel und Nomen:** ihr Projekt – Ihre Ausstellung – Ihre Frage – ihren Test; **Nominativ:** ihre **Ausstellung** – ihre **Fragen** **Akkusativ:** ihren **Test** – ihr **Projekt**

3 **1. 2** Ihr **3** ihren **4** ihre **5** ihre **2. 1** ihre **2** ihre **3** Ihre **4** ihren

4 **1 Das ist mein Pferd.** Sein Lieblingsessen sind Blumen. **2 Das ist mein Bruder.** Sein Lieblingsessen sind Spaghetti.

5 mein – dein – sein – sein – ihr – **unser – euer** – ihr – **Ihr**

6a **1** herunterladen **2** speichern **3 chatten** **4** kopieren **5** drucken **6** googeln

b **1 lädst** … **herunter** – speichern **2** drucken **3** kopieren **4** Schickst **5** googelt

7 **2** d **3** a **4** b

8 **1** jemand **2** niemand **3** alle **4** jemand

9a B **4** C **1** D **5** E **6** F **3**; über dem Sofa – **neben dem Laptop** – zwischen den Heften – unter dem Bett – vor der Garage – hinter der Tür

b Dativ

10 *individuelle Lösung*

11 **2** unter der **3** zwischen den **4** vor der **5** über der **6** hinter dem **7** in der **8** auf dem **9** An der

12a **Wohin legt Herr Pohl die Kamera? Neben** das Sofa. – **Wo ist die Kamera? Neben** dem Sofa.

b **Wohin?** + Akkusativ – **Wo?** + Dativ

13a **2** Er legt den Stick auf den Laptop. **3** Er hängt die Jacke hinter die Tür. **4** Er hängt das Poster an die Wand. **5** Er stellt die Flasche unter den Tisch. **6 Er legt** die Kamera ins Regal. **7** Er legt das Blatt Papier neben das Mikrofon. **8** Er hängt die Fotos über das Poster. **9 Er stellt** die DVDs zwischen die Bücher.

b **2** Der Stick liegt jetzt auf dem Laptop. **3** Die Jacke hängt jetzt hinter der Tür. **4** Das Poster hängt jetzt an der Wand. **5** Die Flasche steht jetzt unter dem Tisch. **6** Das Mikrofon liegt jetzt vor dem Kopfhörer. **7** Das Blatt Papier liegt jetzt neben dem Mikrofon. **8** Die Fotos hängen jetzt über dem Poster. **9** Die DVDs stehen jetzt zwischen den Büchern.

14a **1** ins **2** neben die / auf die **3** im **4** in der **5** neben der **6** im **7** am **8** neben das **9** auf dem

b *individuelle Lösung*

Lektion 26

1a langweilig – sensibel – egoistisch – blöd – pünktlich – direkt – witzig – besonders

b *Lösungsvorschlag:* nett, pünktlich, direkt, witzig, besonders

2a *individuelle Lösung*

b *individuelle Lösung*

3a **1 Ich finde Paul toll,** weil er so sportlich ist. **2 Ich finde Tom toll,** weil er so gut Schlagzeug spielt.

b weil

c Ich finde Paul toll, weil er so sportlich ist .
Ich finde Tom toll, weil er so gut Schlagzeug spielt .

4a **1** mitmacht **2** geblieben ist **3** lachen kann
4 erzählen **kann** **5** zuhört **6** geholfen hat

b lachen kann – geholfen hat – zuhört

5 **2** mitbringt **3** aussieht **4** sein kann **5** gegangen sind
6 erklären kann

6 **2 Tim freut sich,** weil er mit Stäbchen essen kann.
3 Lina möchte eine Internetschule besuchen, weil
sie allein lernen will. **4 Melissa ist glücklich,** weil sie
eine Eins bekommen hat. **5 Oma Paula freut sich,**
weil ich einen Kuchen mitbringe.

7 **2 Sie braucht eine Digitalkamera,** weil sie einen
Film machen möchte. **3 Anna hat Glück,** weil sie
neue Freunde gefunden hat. **4 Fabio hat nicht viel
Zeit für die Hausaufgaben,** weil er den FC Regen-
bogen trainiert. **5 Sofie ist manchmal sauer,** weil
Luisa oft keine Zeit hat.

8b **1** Luisa ist in der Medien-AG, denn sie liebt Filme.
2 Sie braucht eine Digitalkamera, denn sie möchte
einen Film drehen. **3** Anna hat Glück, denn sie hat
neue Freunde gefunden. **4** Fabio hat nicht viel Zeit für
Hausaufgaben, denn er trainiert den FC Regenbogen.
5 Sofie ist manchmal sauer, denn Luisa hat oft keine
Zeit.

9 *individuelle Lösung*

10 **2** teilnehmen **3** Gruppe **4** programmieren **5** Blog
6 Videofilm **7** Alter **8** Preis **9** Finale

11 **2** draußen **3** das Taschengeld **4** die Kleidung
5 der Schulhof **6** der Titel **7** die Antwort

12a **2** Linus **3** Paula **4** Max

b **2** in die dritte **3** in die achte **4** in die neunte

13a **1 Emma geht in** die erste Klasse. **2** Felix geht in
die siebte Klasse. **3** Tim geht in die zwölfte Klasse.
4 Meike geht in die zehnte Klasse.

b *individuelle Lösung*

14 A **3** B **1** C **5** D **4** E **2**

b **2** E **3** A **4** D **5** C

15 *individuelle Lösung*

16 teuer – billig; kalt – heiß; früh – spät

17 **A** Okay. Es ist sehr spät, aber **ich komme mit.**
B Nein! Es ist zu spät. **Ich komme nicht mit.**

18 *individuelle Lösung*

Lektion 27

1a **B** 4 **C** 1 **D** 2 **E** 5

b dass – ist

c Luisa hofft, dass die AG im Finale gewinnt .
Luisa sagt, dass sie eine E-Mail bekommen hat .
Luisa erzählt, dass sie eine E-Mail bekommen hat .
Luisa möchte, dass Sofie sie anruft .

2 **2** Sofie erzählt, dass Luisa immer viele Ideen hat.
3 Sofie erzählt, dass Luisa nett aussieht. **4** Sofie erzählt,
dass man Luisa alles erzählen kann. **5** Sofie erzählt,
dass Luisa schon oft ihren Freunden geholfen hat.

3 **2 Ich denke, dass** ich ein paar Freunde ins Café ein-
lade. **3 Ich habe gesagt, dass** ich zu Hause bleibe.
4 Ich hoffe, dass ein paar Freunde kommen. **5 Ich
habe erzählt, dass** ich letzte Woche Geburtstag hatte
und dass ich mit Freundinnen ins Kino gegangen bin.
6 Ich glaube, dass ich zusammen mit Freunden Pizza
bestelle. **7 Ich schlage vor, dass** wir ins Zelt gehen.
8 Ich meine, dass die Idee gut ist.

4 *individuelle Lösung*

5 *individuelle Lösung*

6 **1** die Lampe **2** der Fernseher **3** das Bett **4** der Schlüssel
5 der Tisch **6** der Sessel **7** der Schrank **8** der Safe
9 der CD-Player **10** der Controller

7 *individuelle Lösung*

8 **Hotel:** ~~lang~~ **Mensch:** ~~kostenlos~~ **Kiosk:** ~~nervös~~

9 **1** b **2** a

10 **1** Jugendherberge – **Fernseher** – Radio – Safe
2 Getränke **3** Kamera **4** Spielekonsole

11 *individuelle Lösung*

12a **2** Esst **3** Schließt … ab **4** Seid

b seid! – schließt ab! – esst!

13 **2** Telefoniert **3** trinkt **4** Seid **5** Geht … spazieren
6 Bringt … mit

14 **1** her**z**li**ch** will**k**omm**en** **2** Nei**n**, au**f** k**ein**en Fa**ll.**
3 M**ei**n N**a**me **i**st **Anna.** 4 Ja, **ein**verst**anden.** 5 So **ein**
Unsi**nn!** 6 Ja sic**her.**

15 **1** regnet **2** mitbringen **3** präsentieren **4** Stör

16a zuerst – Dann – Am Nachmittag – Am Abend –
Abends

c *individuelle Lösung*

Lösungen Arbeitsbuch

18 [ts]: 2 – 3 – 4 – 5 – 6 [ks]: 1 – 7

Modul Luisa, Training: Lesen

1a A 3 B 4 C 1 D 2

b A 3 B 4 C 2 D 1

Modul Luisa, Training :Hören, Sprechen

2a 3 – 4 – 1 – 2

b 1 f 2 r 3 f 4 f 5 f 6 r 7 r

3a *individuelle Lösung*

b *individuelle Lösung*

Das kannst du jetzt!

Lösungen siehe AB, S. 98

Lektion 19
Test A

1 — **1** der Kühlschrank **2** der Schrank **3** das Regal
4 der Schreibtisch **5** das Bett **6** das Sofa
(1 Punkt für Nomen, ½ Punkt für Artikel)

2 — **1** Wand **2** Ordnung **3** Teppich

3 — **1** eure **2** eure **3** euren **4** unsere **5** unser

4 — **1** liegen – auf dem **2** steht – auf dem **3** stehen – im
4 hängt – an der
*(1 Punkt für das Verb, ½ Punkt für Präposition und
½ Punkt für Artikel)*

Test B

1 — **1** eure **2** eure **3** euren **4** unsere **5** unser

2 — **1** der Schrank **2** das Bett **3** der Kühlschrank **4** das Sofa
5 das Regal **6** der Schreibtisch
(1 Punkt für Nomen, ½ Punkt für Artikel)

3 — **1** stehen – im **2** steht – auf dem **3** liegen – auf dem
4 hängt – an der
*(1 Punkt für das Verb, ½ Punkt für Präposition und
½ Punkt für Artikel)*

4 — **1** Ordnung **2** Wand **3** Teppich

Lektion 20
Test A

1 — **1** uns – getroffen **2** sich – gestritten **3** ärgert – euch
4 fühle mich **5** freust – dich
*(jeweils 1 Punkt für die richtige Wortwahl und 1 Punkt für
die Konjugation)*

2 — **1** unfreundlich **2** unromantisch **3** unsensibel **4** faul
5 schlecht **6** unglücklich/traurig

3 — **1** ihr **2** sein **3** ihren **4** meine **5** meine

4 — **1** die Fußgängerzone **2** die Sonnenbrille
3 der Laptop **4** das Straßenfest
(bei falschem Artikel ½ Punkt abziehen)

Test B

1 — **1** meine **2** ihr **3** meine **4** ihren **5** sein

2 — **1** sich – gestritten **2** uns – getroffen **3** freust – dich
4 ärgert – euch **5** fühle mich
*(jeweils 1 Punkt für die richtige Wortwahl und 1 Punkt für
die Konjugation)*

3 — **1** die Sonnenbrille **2** der Laptop **3** die Fußgängerzone
4 das Straßenfest
(bei falschem Artikel ½ Punkt abziehen)

4 — **1** unfreundlich **2** unromantisch **3** unsensibel **4** faul
5 schlecht **6** unglücklich/traurig

Lektion 21
Test A

1 — **1** keine **2** keinen **3** nicht **4** nicht **5** nicht **6** nicht

2 — **1** uns **2** euch **3** uns **4** dir/mir **5** mir/dir

3 — **1** gegangen **2** getragen **3** gekostet **4** gefahren
5 geregnet **6** gegangen **7** gegessen **8** getrunken
9 geschenkt
(½ Punkt für die Wortwahl, ½ Punkt für das Partizip)

Test B

1 — **1** gegangen **2** getragen **3** gekostet **4** gefahren
5 geschenkt **6** geregnet **7** gegangen **8** getrunken
9 gegessen
(½ Punkt für die Wortwahl, ½ Punkt für das Partizip)

2 — **1** keine **2** keinen **3** nicht **4** nicht **5** nicht **6** nicht

3 — **1** dir/mir **2** mir/dir **3** uns **4** euch **5** uns

Lektion 22
Test A

1 — **1** Italienerin **2** Deutscher **3** Amerikanerinnen
4 Russe **5** Brasilianer

2 — **1** größer als **2** schwerer als **3** lieber als **4** mehr als
5 so teuer wie **6** besser als
*(pro Item 1,5 Punkte: 1 Punkt Adjektiv in der richtigen Form,
½ Punkt als/so … wie)*

3 — **1** darf **2** darfst **3** darf **4** dürft **5** dürfen

4 — **1** darf **2** darf **3** muss

5 — **1** Quatsch **2** Unsinn **3** Witze

Test B

1 — **1** darf **2** darfst **3** darf **4** dürft **5** dürfen

2 — **1** Italienerin **2** Russe **3** Amerikanerinnen
4 Deutscher **5** Brasilianer

3 — **1** darf **2** darf **3** muss

4 — **1** Unsinn **2** Quatsch **3** Witze

Lösungen A-/B-Tests

5 **1** größer als **2** schwerer als **3** so teuer wie **4** besser als **5** lieber als **6** mehr als
(pro Item 1,5 Punkte: 1 Punkt Adjektiv in der richtigen Form, ½ Punkt als / so … wie)

Lektion 23
Test A

1 **1** geradeaus – bis zur – nach rechts – bis zu den **2** in der Nähe – nach links – bis zur **3** bis zum – an der

2 **1** am liebsten **2** am besten **3** am schlechtesten **4** am längsten **5** am meisten

3 **1** du darfst nicht tauchen **2** ihr dürft kein Eis essen **3** du darfst nicht mit Paul spielen
(je 1 Punkt für Negation und 1 Punkt für den Satz als Ganzes)

4 **1** Paar **2** verboten – erlauben **3** paar **4** jeden Fall

Test B

1 **1** ihr dürft kein Eis essen **2** du darfst nicht mit Leon spielen **3** du darfst nicht tauchen
(je 1 Punkt für Negation und 1 Punkt für den Satz als Ganzes)

2 **1** in der Nähe – nach links – bis zur **2** bis zum – an der **3** geradeaus – bis zur – nach rechts – bis zu den

3 **1** Paar **2** jeden Fall **3** paar **4** verboten – erlauben

4 **1** am besten **2** am meisten **3** am liebsten **4** am schlechtesten **5** am längsten

Lektion 24
Test A

1 **1** den – legen **2** in**s** – stellen/legen **3** die – hängen **4** den – legen
(je 1 Punkt für den Artikel und ein Punkt für das Verb)

2 **1** vorbereiten **2** korrigieren **3** schreiben **4** wiederholen **5** machen **6** schreiben

3 **1** sie müssen den Aufsatz vorbereiten **2** besucht er eine Internetschule **3** musst du immer viel trainieren **4** das macht mehr Spaß
(je 1 Punkt für Satzbau, ½ Punkt für richtige Verbform)

4 **1** schwierig **2** dafür **3** Ausland **4** Löffel

5 **1 Du** sollst Oma anrufen **2 Ihr** sollt mehr Gemüse essen **3 Ich** soll Leon die Physik-Aufgabe erklären **4 Frau Maier** soll Frau Rösler anrufen

Test B

1 **1** besucht er eine Internetschule **2** sie müssen den Aufsatz vorbereiten **3** das macht mehr Spaß **4** musst du immer viel trainieren
(je 1 Punkt für Satzbau, ½ Punkt für richtige Verbform)

2 **1** die – hängen **2** den – legen **3** in**s** – stellen/legen **4** den – legen
(je 1 Punkt für den Artikel und ein Punkt für das Verb)

3 **1** schwierig **2** Löffel **3** dafür **4** Ausland

4 **1** soll Leon die Physik-Aufgabe erklären **2** sollst Oma anrufen **3** sollt mehr Gemüse essen **4** soll Frau Rösler anrufen

5 **1** wiederholen **2** machen **3** schreiben **4** vorbereiten **5** korrigieren **6** schreiben

Lektion 25
Test A

1 **1** herunterladen – speichern – googeln – kopieren – drucken **2** schneiden **3** chatten

2 **1** neben dem – neben den **2** in den **3** An der **4** hinter die **5** über den
(1/2 Punkt für die Präposition, 1 Punkt für richtigen Kasus)

3 **1** Ihr **2** mein **3** ihr **4** ihre **5** seine **6** ihren

4 **1** jemand **2** niemand

Test B

1 **1** Ihr **2** mein **3** ihr **4** ihre **5** seine **6** ihren

2 **1** herunterladen – speichern – googeln – kopieren – drucken **2** schneiden **3** chatten

3 **1** jemand **2** niemand

4 **1** in den **2** neben dem – neben den **3** über den **4** An der **5** hinter die
(1/2 Punkt für die Präposition, 1 Punkt für richtigen Kasus)

Lektion 26
Test A

1 **1** sie am Wettbewerb teilnehmen möchten
2 er beim Film „Beste Freunde" mitmacht **3** es regnet
sehr **4** sie immer direkt ist
(1 Punkt für die Zuordnung, 1 Punkt für die Satzstellung)

2 **1** Klassenfahrt **2** Schulhof **3** Taschengeld **4** Preis
5 Finale **6** Antwort

3 **1** sehr **2** zu **3** zu

4 **1** erste **2** siebte **3** elfte

Test B

1 **1** zu **2** sehr **3** zu

2 **1** er beim Film „Beste Freunde" mitmacht **2** sie am
Wettbewerb teilnehmen möchten **3** sie immer direkt
ist **4** es regnet sehr
(1 Punkt für die Zuordnung, 1 Punkt für die Satzstellung)

3 **1** elfte **2** siebte **3** erste

4 **1** Schulhof **2** Klassenfahrt **3** Finale **4** Taschengeld
5 Antwort **6** Preis

Lektion 27
Test A

1 die Medien-AG zum Finale fahren darf – wir das feiern
müssen – wir eine Party machen – viele aus der Klasse
mitmachen
(1 Punkt für die Zuordnung, 1 Punkt für die Satzstellung)

2 **1** auf jeden Fall **2** ab **3** Zuerst – dann **4** bestelle
5 Herzlich

3 **1** hört bitte zu **2** Esst nur im Frühstücksraum
3 Seid bitte morgens immer pünktlich am Eingang
4 Bitte nehmt euren Schlüssel mit
(1/2 Punkt für die Satzstellung, 1 Punkt für den Imperativ)

Test B

1 **1** ab **2** auf jeden Fall **3** Zuerst – dann **4** Herzlich
5 bestelle

2 **1** hört bitte zu **2** Seid bitte morgens immer
pünktlich am Eingang **3** Esst nur im Frühstücksraum
4 Bitte nehmt euren Schlüssel mit
(1/2 Punkt für die Satzstellung, 1 Punkt für den Imperativ)

3 die Medien-AG zum Finale fahren darf – wir das
feiern müssen – wir eine Party machen – viele aus
der Klasse mitmachen
(1 Punkt für die Zuordnung, 1 Punkt für die Satzstellung)

Notizen